邂逅白金梦

南中国独此一家的五星级酒店推荐

风尚周报　编著

南方日报出版社
NANFANG DAILY PRESS
中国·广州

图书在版编目（CIP）数据

邂逅白金梦：南中国独此一家的五星级酒店推荐 / 风尚周报编著 . -- 广州：南方日报出版社，2011.12
ISBN 978-7-5491-0328-7

Ⅰ . ①邂… Ⅱ . ①风… Ⅲ . ①饭店－介绍－中国Ⅳ . ① F719.2

中国版本图书馆 CIP 数据核字 (2011) 第 253619 号

邂逅白金梦——南中国独此一家的五星级酒店推荐
风尚周报 编著

出版发行：南方日报出版社
地　　址：广州市广州大道中 289 号
电　　话：(020) 83000502
经　　销：全国新华书店
印　　刷：广州市中天彩色印刷有限公司
开　　本：889mm×1194mm 1/32
印　　张：3.5
字　　数：180 千字
版　　次：2011 年 12 月第 1 版
印　　次：2011 年 12 月第 1 次印刷
定　　价：38.00 元

投稿热线：(020) 83000503 **读者热线**：(020) 83000502

网址：http://nf.nfdaily.cn/press/

前言

别让旅途亏欠你一个美梦

“When hotel meets your dream”，当酒店和你的美梦相遇，并深深契合，会是怎样的佳境？

我有一个梦想，想和孩子一起度过最无忧无虑的快乐暑假，这时，适合亲子游的酒店金茂三亚丽思卡尔顿酒店出现在我的面前。

我有一个梦想，参加人头攒动的会展时可以住上“不将就”的酒店，舒适轻松，而且即使在陌生的城市，我也不用纠结于陌生的公路，会展近在咫尺。这时，我遇见了广州广交会威斯汀酒店。

我还有一个梦想，所有准备出行的人们，都可以找到最适合自己此次出游的酒店。这也就是我们出版《邂逅白金梦——南中国独此一家五星级酒店推荐》的最初心愿。以梦想为桨，以五星为帆，为你搜罗南中国值得推荐的五星级酒店。

这是第一本按照酒店特性分类推荐的指南性读本，这里推荐的酒店除了为你提供一张舒适的床以外，还各有其专属的特性，比如能够尽情满足你的购物欲望，或者有饱览城市景观最好的视角。

无论目的地是否在更远的远方，无论你的心情是否如风轻飏，带上这本书，就从这次开始，别让旅途亏欠你一个美梦。

总编寄语

为每一个不同的梦寻个安置点

我很喜欢听人讲述在各酒店的经历和感受，就像选美时听评委们评头论足。而且，有关酒店的讲述，常常融合了个人的情绪和故事，比台上陈列的美女更加气息生动情感丰盈。

虽说是独家推荐,不过我们知道,第一,酒店没有最好,只有更好。第二，酒店没有最好，只有各好，环肥燕瘦，各有所爱。所以文艺青年李丁钟爱建在废弃的锡矿里阿布扎比 F1 赛车道上的 YAS 酒店，老爷子孙冕则喜欢有着鸡蛋花一样的微笑的酒店服务。叶茂中对床的软硬没要求，却感念于酒店服务的速度，爱家的海清，任何酒店也不可能超过家对她的心理抚慰。

看来，对于酒店的选择，关键在于它彼时彼刻是不是你的那一道菜。迪拜的帆船酒店，也许甚至不如大理洱海边的一家客栈记忆温暖。

当然，推荐的起点一定是明晰的，就像只有美女才有机会站到台上。这也是所有方家的共识，也即：硬件需达标；软件上，服务是王道。在这个基础上，我们梳理了各家酒店的优异功能，静待各位一一按图索骥——这便是年会酒店，spa 酒店，购物酒店，亲子酒店等等一众冠名的由来。

我第一次去香港的时候，朋友珊珊陪我晚间无目的漫步。突然我被一座建筑吸引驻足，问她这是何处？她感叹说，建筑果然有气质，这里是半岛酒店。

巴黎的丽兹酒店，据说常住的客人可以不带行李，酒店会为他们存放行李箱和裘皮大衣。如此雅遇，估计只有聚眼球之光的公众人物才有机会拥有，连海明威都曾说：“当我梦想进入另一个世界的天堂，我就如同身处丽兹酒店。”平常如我们，则只希望为今夜的梦，寻一个合适的安置所在。

Contents 目录

粤海喜来登酒店
来自喜来登的全方位体验

喜来登酒店每每有惊喜之作，在改革开放的先锋城市——广州，它找到了与自己无比契合的基因，那就是新锐和突破。

Sheraton
Guangzhou
HOTEL
粤海喜来登酒店

乘着到某个城市的短暂停留去商场血拼，最后却要拖着疲惫不堪的身体长途跋涉回酒店，是很多人都有过的痛苦经历，在广州，你可以告别这样的噩梦。

粤海喜来登酒店是羊城购物业翘楚——天河城购物中心的一部分，地处广州天河城中央商业区中心，举步可达城内各大商业区，距离广州体育中心仅数步之遥。顾客可在厚达 9 层的豪华喜来登甜梦之床上纵情放松，体验前所未有的舒适之感；喜来登行政酒廊位于酒店 33 楼，在此可俯瞰花团锦簇的“天河飘绢”；大堂提供的各款精美小食和鸡尾酒，让顾客在此与朋友、工作伙伴和爱侣共度美好时光。

全新建造的粤海喜来登酒店是国内首家拥有所有喜来登品牌体验项目的旗舰酒店，有着许多首创的设计，客人可轻松乐享喜来登甜梦之床、随心连动 @ 喜来登、炫逸水疗、健身中心和行政酒廊带来的全方位独特体验。在这里，你可以享受东方的传统水疗，一流的健身设备。喜来登健身中心拥有由“Core Performance”概念装备的一流健身设施与服务，包括健身房、室外恒温泳池、蒸汽室和桑拿室，满足你全方位的健身需求。

此外，酒店拥有超过 1300 平方米的会议空间，包括 1 个 650 平方米的中空无柱式宴会厅，12 个大小各异的多功能会议厅以及 1 个配套齐全的商务中心，所有会厅均配备世界一流的宴会和视听设施。经验丰富的专业会议服务团队将确保顾客的每次活动都取得圆满成功，每一个需求都得到彻底满足。

四家风格别致的餐厅与一间大堂吧为顾客的味蕾带来奇妙的美食之

旅：盛宴全日餐厅提供全日自助餐；采悦轩中餐厅诠释粤菜精粹；班妮意大利餐厅为顾客呈现地道意式美食；百萃美味点各式精美小食让顾客流连忘返；大堂吧的醇香咖啡、绚烂鸡尾酒让顾客与三五知己尽情欢享都市繁华。

炫逸水疗中心

广州粤海喜来登酒店首次在广州引入喜来登品牌独有的水疗体验中心。它结合了东方的传统疗法，由经验丰富的理疗师为顾客带来重焕身心的舒适按摩。

随心连动 @ 喜来登

24 小时开放的"随心连动 @ 喜来登"为商务人士提供了高速互联网服务、可供选择的电视节目以及免费取阅的报纸和杂志，是你在酒店里惬意的另一私人空间。

最新获奖奖项

2011 年度风尚至臻新锐酒店——《风尚周报》金梦奖

2011 年度合作伙伴——第六届 that' PRD Food & Drink Awards

电话： 86-20-66688888

地址： 广州市天河区天河路 208 号

网址： http://www.sheraton.com/guangzhou

交通： 粤海喜来登酒店位于天河城中央商业区中心，地理位置优越，距广州白云国际机场约 40 分钟车程，距广州火车东站仅 5 分钟车程。酒店还位于地铁 1 号线和 3 号线的交汇处体育西路站。酒店门前的 BRT 快速公交系统可前往广州市的大部分地区。

周边推荐： 从酒店步行 10 分钟可以到达 2010 年亚运会主会场之一——广州天河体育中心，前往广州新地标花城广场仅需约 10 分钟车程，您可以游览新建成的广州歌剧院、广东省博物馆以及国内第一高塔广州塔。

婚庆酒店

广州中心皇冠假日酒店

在市区最高的无柱宴会厅，华丽设宴

一场传统经典的婚庆，需要华丽堂皇，配合名厨主理独具特色的婚宴佳肴。属于广州人记忆的地标“63层”，广州中心皇冠假日酒店，高 10 米的无柱宴会厅，为新人及亲朋提供浪漫而华贵的婚宴。

CROWNE PLAZA

GUANGZHOU CITY CENTRE

广州中心皇冠假日酒店

曾经承载很多人记忆的环市东核心商圈的地标“63层”，如今已华丽转身，成为全新广州中心皇冠假日酒店，这也是该区域内唯一的国际品牌五星级酒店。

华丽如它，拥有985平方米的近10米高无柱水晶宴会厅和浪漫典雅的290平方米珍珠宴会厅，适合各种规格的婚宴。无柱宴会厅在视觉上开创豁达感，将人瞬间拉入奢华之都。厅高近10米，是市区内最高的无柱宴会厅，全新装修，由国际著名的KKS设计公司设计，并配有超大亮度的300寸投影仪。珍珠吊坠，金碧辉煌，给新人与来宾一种无法比拟的尊贵感。

酒店还为新人提供值得骄傲的婚礼承诺计划，专为客人量身定制，融入彰显风格的颜色和文化，并全程提供专业的协助，日期预定、婚礼安排、菜单和桌布等餐饮细节的设计，以及婚礼过程的其他事宜，事无巨细，全程无缝提供令客人无忧的服务。

个性化设计的宽敞客房或套房作为洞房，明星大厨主理婚宴美食、独特的精美江南餐前菜，并由专业的宴会服务团队提供现场服务。

酒店的460间宽敞优雅的客房和套房拥有最佳的城区和绿色景观，

无微不至的客房设计为客人提供体贴细致和舒适便利的服务，并满足客人的各种商务和休闲需求。客房内均配备免费无线宽带网络服务及可供选择的枕头系列。

皇冠假日贵宾楼层有 73 间客房和套房，为客人提供个性化的服务和良好的隐私空间，以满足当今公务繁忙的商务人士的需求。

此外，酒店 3 间风格迥异的餐厅和大堂酒廊随时恭候客人光临，其中包括：百粤楼中餐厅，以正宗粤菜著称并主推有机、新鲜、健康和营养的菜肴；原素全日餐厅，国际厨师主理，体现开放式概念并提供休闲点餐和丰富的自助餐；滋味馆风味餐厅，提供精美广式点心、各种风格的面食和广受欢迎的地方小吃；大堂酒廊是亲朋好友舒适自在聚会的首选，提供美味可口的鸡尾酒、齐全的世界名酒和各种精美小吃。

百粤楼粤菜餐厅

名厨莫师傅为百粤楼奉献自己平生经典，所有丰富多变以及芳香四溢的美食均出自广东本地厨师之手。诱人可口的点心都是即点即做，保证了入口时的新鲜感。浓郁香醇的红酒让您沉醉，并且超然在这传统的美食之上，给您最大程度上的满足感。

原素全日餐厅

原素全日餐厅提供休闲全天点餐和丰富的自助餐，提供市内最佳的世界美食。客人可以在轻松悠闲的环境中一边俯瞰环市东路美景，一边享用早餐、午餐或晚餐。自助晚餐中，客人们可尽情享受精致烤牛肉、阿拉斯加蟹腿、新鲜的牡蛎以及其他丰盛的美味佳肴。专业的厨师团队向您自豪地展示他们中式、西式以及东南亚美食的烹饪艺术。餐后，客人们还能纵情享受最地道的自制精美甜品和一系列可供选择的冰激凌品种。

最新获奖奖项

2011 年度风尚至臻婚庆酒店——《风尚周报》金梦奖
2011 热选新酒店——高球热选大奖
2011 年度最佳新开业酒店——金驿奖
2011 最受欢迎的酒店餐厅（原素餐厅）——城市漫步珠三角美食奖

电话：86-20-83638888
地址：广州市越秀区环市东路 339 号
网址：http://www.crowneplaza.cn
交通：酒店交通便利，机场快线和市区公交路线均设站于酒店门口，距机场仅 32 公里，离广州火车站 2.5 公里，离天河火车东站 7 公里，步行 200 米即可抵达广州地铁站（5 号线）。
周边推荐：麓湖公园、保利影院城、广州友谊商店、丽柏广场、利苑、莉莉玛莲酒吧。

广州翡翠皇冠假日酒店

绿色之城，环保先行

酒店，可以是耗能大户，也可以是环保先锋。矗立于广州尖端科技绿色之城科学城的广州翡翠皇冠假日酒店，以全方位的节能减排、回收再利用系统，成为值得尊敬的绿色生态酒店。

CROWNE PLAZA
GUANGZHOU
SCIENCE CITY
广州翡翠皇冠假日酒店

广州，2010年亚运会主办城市。科学城，广州尖端科技绿色之城。

位于广州科学城的广州翡翠皇冠假日酒店，由广州天马集团投资，全球最大的酒店管理集团洲际酒店集团经营管理。

作为广州市首家绿色环保型酒店，广州翡翠皇冠假日酒店利用其自身的建筑特色建立太阳能系统，应用于酒店的路灯照明，大堂玻璃幕墙采用循环水幕用于降温，并引进二次水循环系统，应用于洗衣房废水治理与楼面雨水收集，同时引进中央空调系统节能、热水节能、LED灯节能、太阳能等项目，将咖啡茶渣等回收用作户外香料种植区的肥料，将无土栽培运用于餐厅楼顶并建造中国首家酒店内无土蔬菜园。

除此之外，酒店的各个区域都设置环保回收箱，充分回收各类可循环使用的资源，是洲际酒店集团在中国最全面使用生态节能体系的酒店。

酒店拥有406间客房，面积均在45平方米以上，所有房间配有37英寸液晶电视、热带雨林淋浴花洒及超大的保险箱，房间独立阳台采光充分，全区域设有免费高速无线上网。顶层的皇冠假日贵宾酒廊设有会议室、互联网服务区、视听室、阅览吧、自助用餐区及户外长廊，为商务人士提供私密空间及贴身服务。酒店还拥有21套公寓，厨房设备，办公区域，国内、国际长途电话及语音信箱等一应俱全。

酒店最具设计理念的“汇点”大堂吧，透明玻璃顶高18米，采集了自然光线与景观，是集酒廊、娱乐、电脑上网区、图书阅览区、电子资讯、商务中心、票务中心于一体的新时代特色大堂。大堂酒吧配有液晶大屏幕，可欣赏全天滚动播放的体育赛事和娱乐节目，或通过苹果电脑区iMac高端多媒体电脑登录网上图书馆，浏览网上资讯，或在大堂图书区借阅中外古典名著。

宾客可以在户外恒温泳池中自由畅泳，享受健康按摩池的冲激，也可以在原生态的室外泳池挑战水上攀岩、潜水，或在池畔体验篝火晚会。酒店周围青山环绕，空气清新，可免费租用酒店的脚踏车徜徉在林荫单车径上，享受健康生态生活。

无公害绿色蔬菜

广州翡翠皇冠假日酒店引进农业无土栽培技术中的气雾栽培法，将空置的建筑楼顶改造为无土蔬菜园，成为中国酒店业首家应用于楼层的蔬菜种植园。无土蔬菜园总投资50万元，项目占地面积1035平方米，其中蔬菜大棚面积785平方米，育苗区面积160平方米，月收成约1.5万斤无污染无农药的无公害绿色蔬菜。

自产的无公害绿色蔬菜供应给酒店员工及客人食用，增强了酒店的食品安全，同时由于顶层植物的覆盖，可降低顶层下方的室内温度约3摄氏度，减少了空调消耗。经过营养检测的无土栽培蔬菜维C含量比普通蔬菜提高3倍，致使蔬菜具有很强的抗氧化性，在烹饪时不易发黄，且硝酸盐和重金属含量也低于普通蔬菜，粗纤维少，易于消化。

优悦会

酒店拥有全球第一个忠诚宾客计划——优悦会，优悦会也是全球酒店业界最大的旅客奖励计划，拥有约3700万会员，与45家航空公司、汽车租赁公司及信用卡公司合作，奖励住宿，不设禁止兑换日期，积分永远有效。

滋味馆

位于广州翡翠皇冠假日酒店二楼的滋味馆风味餐厅极具中式传统风格。精心雕刻的木窗格、质朴的瓦楞砌墙、飘逸洒脱的书法作品、精美的手工皮鼓，无一不让客人感觉到别有一番风格和雅致。滋味馆风味餐厅以中国大江南北的地方名小吃为特色，潮州冷档、正宗川式名菜、清新淡雅的淮扬菜、异域营养新疆菜、东北地道面点以及传统粤港本土精美小吃，琳琅满目。酒店特别引进高科技净水设备，使水质转化为最健康、最纯净的弱碱性水。餐厅提供的所有汤水皆采用健康水，确保饕客们在此得到最大的味觉满足。

最新获奖奖项

2011年度风尚至臻生态酒店——《风尚周报》金梦奖

2011最佳宴会服务酒店——《南方都市报》

2010－2011年度十佳会议会展酒店——中国饭店业年会组织委员会金马奖

2010亚运媒体推荐酒店——南方日报社、广东旅游协会、广东酒店行业协会

2009广州地区最佳新开业酒店——TTG China

电话：86-20-88800999

地址：广州科学城中心区凝彩路28号

网址：http://www.crowneplazagzsc.com

交通：距广州白云国际机场45分钟车程，距广州商务中心天河区、广州火车东站和琶州国际会议中心仅25分钟车程，15分钟抵达广东奥林匹克体育中心，5分钟即可抵至广州国际体育演艺中心，到珠江三角洲的主要城市和港澳地区2小时以内车程。酒店每日多趟免费穿梭巴士往返市中心及火车东站，并提供机场快线直达广州白云国际机场。

周边推荐：广州国际体育演艺中心（3公里）、广东奥林匹克体育中心（10公里）、萝岗香雪公园（8公里）、萝岗体育公园（1公里），可在酒店租用免费的单车前往。

会展酒店

广交会威斯汀酒店
远方的客人请你留下来

广交会是商业展会，更是和外国友人欢聚的盛会。体现热情的待客之道，从为其提供便捷舒适的住所开始。通过空中连廊就能直达会展中心的广交会威斯汀酒店，是没有悬念的最佳会展酒店。

THE WESTIN
PAZHOU
广交会威斯汀酒店

白天展会的劳累与疲倦，想在晚上得到最好的休息与释放，一个舒适的酒店必不可少。广交会威斯汀酒店坐落于广交会主会场——广州国际会议展览中心，在此可尽情饱览珠江和城市天际线的壮观美景。酒店享有优越的地理位置，是唯一一间可通过空中连廊直接到达广州国际会议展览中心的酒店。

它拥有 10 个会议场所，共计 3000 平方米的会议空间，其中包括 1 间 1200 平方米的大宴会厅及 6 个多功能厅。峰景轩多功能厅位于酒店最高的 42 层，面积 460 平方米，层高 26 米，落地玻璃窗可俯瞰城市天际线的壮观美景。酒店拥有 325 间宽敞舒适的客房与套房，均配备特色天梦之床，让宾客尽享一夜酣眠，以最佳状态迎接新的一天。

还有天梦之浴（Heavenly Bath®）、LED 液晶电视、JBL iPod 播放器音箱、高速互联网接入、宽敞的办公区等贴心设施，是宾客犒赏自己的最佳选择。酒店套房更配备欧舒丹豪华洗浴用品、46 英寸 LED 液晶电视和 Bose 环绕立体声系统，套房面积由 100 至 315 平方米不等，配备起居室、睡房、超大的浴室及宽敞的工作区域。

酒店拥有多间餐厅和酒吧，是享受静谧、放松身心的绝妙之地，既可让宾客在轻松怡人的环境中享用营养丰富的美味佳肴，也可让他们和刚在展会结交的生意伙伴在此舒适畅谈。

白天，顾客可以在大堂吧内舒享咖啡、香茗或是软饮料，晚间有冰爽香槟或色彩缤纷的鸡尾酒助兴。下午菜单同时供应新鲜出炉的甜点。参会贵宾还可以来到威斯汀天梦水疗中心享受舒缓护理，焕发身心活力；体验威斯汀健身中心配备的最先进的有氧器材，为健康充电；又或者纵身于室内泳池中畅游一番；或是到屋顶花园的户外网球场打一场网球，尽享悠闲时光。

无论宾客是期待顶级会展、一流饮食或是天梦之床的酣畅睡眠，都可以在广交会威斯汀酒店得到满足。

中国元素中餐厅

以耳目一新的粤菜和用传统方式烹饪的中式佳肴为特色，并因其美味与极具灵感的品位生活体验而闻名遐迩。午餐和晚餐可在私人包房内享用。

舞日本餐厅

舞日本餐厅位于酒店的最高层——42层，可俯瞰城市美景。这间时尚现代的日本餐厅供应多种营养丰富的美食，包括寿司、生鱼片以及现场铁板烧料理。

自我体验套餐

酒店回馈最佳自我体验套餐，人民币988元起，宾客可体验1小时天梦水疗特色疗程，免费升级至威斯汀至尊客房1晚及延迟退房至下午4点。或人民币988元起，畅享1小时天梦水疗特色疗程及双人西餐厅自助晚餐。有效期至2012年2月29日。

最新获奖奖项

2011年度风尚至臻会展酒店——《风尚周报》金梦奖

电话：86-20-89181818

地址：广州市海珠区凤浦中路681号广州国际会议展览中心C区

网址：http://westin.com/pazhou

交通：酒店距离广州白云国际机场40分钟车程，距离粤港直通车总站——广州东站仅20分钟车程，酒店临近地铁8号线琶洲站C出口。

周边推荐：可以乘坐地铁——绿色高效交通工具，探索发现广州古老，现代的文化及建筑。广州塔、海心沙都是不可错过的去处。

广州花都皇冠假日酒店
商务出行，机场近在咫尺

在商业世界里，时间就是金钱，地利之便尤为重要。在离机场最近的地方，找到一家优秀的国际五星级酒店，本是一种奢侈的愿望，广州花都皇冠假日酒店让奢望成真。作为广州花都区首家国际品牌五星级酒店，花都皇冠假日酒店位于广州白云国际机场区域，拥有花都区最奢华的无柱式皇冠宴会厅，最多可容纳1600人会议。

CROWNE PLAZA
GUANGZHOU HUADU
广州花都皇冠假日酒店

对于繁忙的商务人士而言，舒适安静的休憩环境，优越的地理位置，是他们选择酒店的决定性因素。当我们还在忧心机场附近缺乏一应俱全的会聚之所的时候，位于广州白云国际机场区域的一家全新国际五星级酒店不由得让人眼前一亮。广州花都皇冠假日酒店于 2011 年 7 月 10 日开业迎宾，酒店拥有 299 间设计新颖、设施完善的客房，其中包括套房与皇冠假日贵宾楼层，其精致的装饰与优雅的布局专为商旅客人量身打造。此外，在您入住期间，还可获得优悦会积分，换取免费住宿或航空里程。

酒店位于广州经济发展腾飞圈——广州白云国际机场区域，花都区最大的珠宝交易市场近在咫尺，距花都区中心及广州白云国际机场仅 5 分钟车程，占尽地利之便。

入住皇冠假日贵宾楼层，您还可享受更多尊享服务，比如专人快速办理入住及退房手续、免费使用贵宾楼层会议室 2 小时，或者在皇冠假日贵宾酒廊免费享用全天候茶点…… 完备的康体设施、贴心的服务及园林式的户外游泳池一应俱全，令您置身于一处远离尘嚣的世外桃源，释然放松，使您在广州花都皇冠假日酒店的居停更加舒适愉悦。此外，园景咖啡厅、中餐厅、大堂酒吧提供各式特色佳肴，带给您愉悦而满意的用餐体验。

酒店拥有 7 个多功能厅和 1 个皇冠宴会厅，所有会议室均配有一流的会议设施及先进的视听设备。无柱式皇冠宴会厅最多可容纳 1600 人会议，还可根据不同需求分隔为 4 个多功能厅。专业的皇冠会务团队提供一站式服务，配合先进的场地会议设施，确保会议圆满成功。

园景咖啡厅：提供异彩纷呈的国际自助晚餐和各式单点服务。

圣诞时光自助晚餐：精彩的圣诞节目和正宗的圣诞大餐让您切身体验传统圣诞节。

中餐厅：由厨艺精湛的名厨为您提供正宗经典粤式佳肴和精致小点。

皇冠假日贵宾楼层：汇集琳琅满目的饮品佳酿，是您繁忙工作之后放松心情的理想之地。

皇冠宴会厅：无柱式皇冠宴会厅最多可容纳 1600 人会议，还可根据需求分隔为 4 个多功能厅。

最新获奖奖项

2011 年度风尚至臻商务酒店——《风尚周报》金梦奖

2011 年最佳新开业酒店奖——金驿奖

电话：86-20-36900888

地址：广州市花都区迎宾大道 189 号

网址：http://cn.ihg.com

交通：距花都区中心及广州白云国际机场仅 5 分钟车程，驱车 40 分钟即达广州市中心及广州国际会展中心（琶洲展馆）。

周边推荐：石头记矿物园、香草世界、洪秀全故居、芙蓉度假村、王子山森林公园。

购物酒店

澳门威尼斯人® 度假村酒店

忘却昼夜，到澳门威尼斯人® 尽情购物

到澳门不逛威尼斯人度假村，已经如同“到北京不上长城”一般令人惋叹。这座度假村酒店将最顶尖的购物体验，融入威尼斯水乡的独特魅力。当贡多拉船夫的醉人情歌响起，我们忘却昼夜，忘却身在何方，只愿一直血拼到底。

THE VENETIAN
澳门威尼斯人

一个出色的购物酒店，会让你忘却昼夜，不知疲倦，流连忘返。而当你满载而归时，还有一个宽敞舒适的房间迎接你的血拼凯旋。亚洲最大型的度假村酒店——澳门威尼斯人®度假村酒店将这些貌似“不可能完成的任务”一一达成。

澳门威尼斯人®度假村酒店自开业以来，已成为创新思维、超卓服务及完善设施的代名词，其创作灵感源自美国拉斯维加斯商业区，既有气派不凡并提供各种消闲娱乐体验的综合度假村，亦有周全完备的商务设施。

这里有澳门最大型的室内购物中心大运河购物中心，云集超过 350 家购物商户、数十家食店和 3 条各长 390 尺的运河，气势磅礴。这里有澳门首个豪华购物中心四季·名店，Gucci、LV、Dior、FENDI、劳力士等高档名店一应俱全。整个购物中心被一幅偌大的天幕覆盖，天幕可配合电脑控制的灯光效果，营造出晨昏日出日落的云彩和天色，配合特色街道、运河、157 尺的里亚特桥，环境典雅瑰丽。

这个设有 3000 间豪华套房的综合度假村，以意大利威尼斯水乡风貌为建筑蓝本，并参考著名的拉斯维加斯威尼斯人度假村酒店设计，是一座超级大型的度假酒店。澳门威尼斯人®度假村酒店的规模更是拉斯维加斯威尼斯人度假村酒店的两倍，设施包括具威尼斯色彩的大运河购物中心、国际著名食府、太阳剧团剧院、可容纳 15000 名观众的金光综艺馆™，以及亚洲区最大型的会议展览设施之一。

在船夫的美妙歌声中，旅客可以悠然乘坐贡多拉船在大运河上漫游，感受威尼斯的独特魅力。而大运河购物中心每小时会有精彩的 Streetmosphere ™街头表演，为旅客带来无限惊喜。踩高跷表演者、真人雕塑、魔术师、音乐家等，让旅客恍如置身威尼斯的街道上。灯光天幕

FOSSIL

让这里没有黑夜，只有蓝天、白云和温暖的灯光陪你一路血拼。当你购完所有心头好时，面积达 70 平方米或以上的宽敞豪华套房正在等待你的归来。豪华寝室、云石浴室以及舒适的客厅，让你仿佛回到了温暖的家，忘却一路奔波的疲累。每间套房更设有传真机、复印机、打印机以及高速互联网等设备，让你度假与处理公务两不误。

大运河购物中心

运河上唱着醉人情歌的贡多拉船夫、色彩缤纷的威尼斯建筑及景色，都是大运河购物中心的特色。购物中心总面积达 10 万平方米，330 多间商户汇聚国际知名品牌。

金光综艺馆™

设有 15000 个座位的金光综艺馆™自投入服务以来，已多次举办世界级体育赛事和音乐会。多位来自亚洲和世界各地的国际巨星先后踏上金光综艺馆™的舞台，包括郭富城、张惠妹、Rain、容祖儿、Lady Gaga、Linkin Park、the Police 及 Beyoncé 等。金光综艺馆™刚获美国权威音乐杂志《Pollstar》选为世界最顶尖的 100 个综艺馆之一。

最新获奖奖项

2011 年度风尚至臻购物酒店——《风尚周报》金梦奖
2011《旅讯》"中国旅游业界奖"——最佳五星级酒店奖
2011 年 TTG China 旅游大奖——澳门最佳会议接待酒店
Best Business Hotel in Macau——2010 Business Traveller Asia-Pacific Readers' Poll
2009 中国十佳会议会展酒店——第五届中国星光奖

★

电话：853-28828888
地址：澳门氹仔望德圣母湾大马路
网址：http://www.venetianmacao.com/zh/
交通：距离市中心 9 公里，距离港澳码头 8 公里，距离机场 3 公里，距离关闸 10 公里。

城市景观酒店

香港丽思卡尔顿酒店

在 490 米高空，赏迷人维港

住进一所酒店，就能饱览一个城市的最佳景致，总让人觉得更加值回票价。全球最高酒店香港丽思卡尔顿酒店，能够全方位满足你的期待，无论是酒店大堂，还是房间、餐厅、酒吧……维多利亚港为你演绎多姿海景。

THE RITZ-CARLTON®
HONG KONG

乘坐电梯上香港丽思卡尔顿酒店的大堂，有一点点耳鸣——这座酒店实在太高了，就连它的全海景酒店大堂，都位于 103 层。

这家全城期待的新酒店，于 2011 年 3 月 29 日正式开业。它位于全球第四高的环球贸易广场第 102 至 118 层，酒店正门面向景色迷人的维多利亚港。酒店提供 312 间可饱览维港及城市景致的客房。

酒店的餐厅及酒吧设计由著名日本设计公司 Spin Design Studio 和 Wonderwall 负责，充分反映丽思卡尔顿品牌的设计意念及服务水平的演变。酒店于 102 层设有三间餐厅，天龙轩负责供应传统精致广东菜及粤式巧手点心，Tosca 意大利餐厅设有开放式厨房及提供意大利南部特色美食，而设计独特的 The Lounge & Bar 则以水晶火炉作装饰。另外，于 103 层还有提供著名朱古力下午茶的 Café 103，以及于 9 层的 Pastry Gems 提供各款精美的糕点。位于楼高 490 米之上的 OZONE 顶楼酒吧，是城中最新的时尚朝圣地。以雅致、时尚及富现代感的设计，为宾客带来视觉和味

觉的双重享受。

你可以在拥有 iPod 机座等时尚配备的客房中，静览维港及城市景致，也可以在餐厅享受粤式、意式美食的同时以海景佐餐，或者在位于楼高490 米之上的 OZONE 顶楼酒吧露台，喝一杯鸡尾酒，体验一番“酒不醉人人自醉”的境界。

香港丽思卡尔顿酒店拥有全港最大的宴会厅之一，占地 930 平方米。宴会厅以华丽水晶灯饰精心布置，为婚宴、会议和庆祝活动的理想场地。加上四间会议室，会议空间面积达 1300 平方米，已逐渐成为香港流行社交热点。

OZONE 酒吧

位于酒店 118 层的 OZONE 顶楼酒吧是不能错过的观景最佳位置。在 490 米高空，享受亚洲风味小吃、特色鸡尾酒及各式极品佳酿，同时尽览香港大都会的醉人景色。

水疗中心

位于 116 层的水疗中心，设有 9 间豪华理疗室和 2 间双人套房，以落地玻璃设计，尽揽维港怡人景致。由世界顶尖水疗权威 ESPA 为酒店设计的尊贵水疗疗程，配合专业水疗师团队，为宾客缔造永志不忘的水疗体验。

最新获奖奖项
2011 年度风尚至臻城市景观酒店——《风尚周报》金梦奖
2011 全球景色最美酒店——美国财经杂志《福布斯》
2011 最佳行政酒廊“最具无敌海景风情”——《胡润百富》胡润总统奖
2011 最佳总统套房“香港之巅”——《胡润百富》胡润总统奖
2011 最佳设计成就奖——Virtuoso 最佳酒店奖

电话：852-22632263
地址：香港九龙柯士甸道西 1 号环球贸易广场
网址：http://www.ritzcarlton.com/HongKong
交通：火车站：九龙站 0.3 公里，从九龙站步行约 5 分钟即可到达酒店。机场：香港国际机场 36 公里。从香港国际机场步行约 220 米到地铁机场站出入口乘坐机场快线，到地铁九龙站 B 出入口下。步行约 120 米到香港丽思卡尔顿酒店。
周边推荐：天际 100 观景台为香港最高的室内观景台，与香港丽思卡尔顿酒店同样坐落于全港最高大厦——环球贸易广场，访客可在此 360 度鸟瞰世界闻名的日夜繁华景致，更设有大型的多媒体互动展览，介绍香港独特的历史及文化。毗连香港丽思卡尔顿酒店的圆方商场总面积超过 100 万平方尺，集购物、休闲、饮食、娱乐、文化于一身，成功引入多个全球最顶级的知名品牌及服务。

澳门金沙酒店

体验拉斯维加斯式奢华

最传统的“奢华”，应该就如澳门金沙酒店这般，金光闪烁，恢弘大气。私人飞机、直升机、喷射船，召之即来；24 小时管家，随时候命。纸醉金迷，奢华极致，这里不是拉斯维加斯，这里是澳门金沙。

Sands
金沙

走进澳门金沙酒店，望着三十几米高的大吊灯，总有那么一瞬间，你仿佛觉得自己来到了拉斯维加斯。

作为澳门的知名酒店，澳门金沙酒店是区内首间由国际集团拥有及营运的酒店大楼。澳门金沙酒店开业后迅速为澳门旅游体验立下新定义。在金光闪闪的澳门金沙酒店内，除了设有各式各样的娱乐设施分布于各个楼层之外，更设有多间特色餐厅、演奏厅、户外游泳池、水疗及美容中心，以及会议和宴会场地。金沙酒店还把著名的拉斯维加斯式自助餐概念引

进澳门，长达 100 米的自助餐桌上，设有 12 个开放式烹饪台，即时供应最新鲜的美食。

澳门金沙酒店内设有拉斯维加斯金沙集团股份有限公司首间只供获邀贵宾专享之御匾会，包括 51 间面积由 92 至 743 平方米不等之贵宾套房。澳门金沙酒店大楼让尊贵的客人置身时尚的环境，为他们带来一个全新的高雅精品酒店服务体验。贵宾还可专享私人飞机、豪华轿车、直升机及喷射船的接送服务和 24 小时的管家服务等。另外，私人通道、专用贵宾厅、雪茄吧、酒廊以及私人晚宴等尊贵设施及服务也时刻准备着。

澳门金沙酒店共设有 204 间豪华套房，每间套房占地 55 至 60 平方米，并配备了两部等离子挂墙电视、水力按摩池及无线高速互联网；而澳门金沙酒店的 34 间行政套房，每间均提供相等于豪华套房两倍的宽敞空间以及独立客、饭厅，适合小家庭入住。

酒店还设有多间驰名澳门的餐厅、酒吧以及娱乐设施，包括可容纳 650 位观众的演奏厅、仙乐都酒廊、至尊吧、御景台、银映池畔、888 美食天地、皎月食坊及别具特色的主题餐厅，包括有金沙阁及高雅扒房等。

高雅扒房

高雅扒房是澳门首家传统美式格调的扒房餐厅，位列国际级的优秀食府，布置一派拉斯维加斯特色。古式吊灯透现的柔和光线，温暖的色调，令这儿成为亲朋同事相约聚首的理想选择。宾客可一试肉汁丰富又鲜嫩的西冷牛扒、餐厅驰名的红烧扇贝配爽脆的素菜寿司和新加坡黑豆酱汁，或是获奖菜式“高雅扒房杂锦拼盘”。

最新获奖奖项

2011 年度风尚至臻奢华酒店——《风尚周报》金梦奖

2009 年度澳门环保酒店奖——澳门环境保护局

电话：853-28883388

地址：澳门蒙地卡罗前地 203 号

网址：http://www.sands.com.mo/sch/

交通：从澳门港澳码头及直升机场前往澳门金沙酒店，仅需约 5 分钟车程；而从澳门国际机场及莲花大桥边检站前往，仅需 15 分钟车程。

香港置地文华东方酒店
“男女平等”的顶级水疗享受

酒店不仅仅是借宿一晚的客栈，而是让旅途中的你放松身心的地方。香港置地文华东方酒店为你带来首屈一指的东西方水疗享受，而且男女平等，每个人都能在这里找到最彻底的放松与休养。

THE LANDMARK
MANDARIN ORIENTAL
HONG KONG

在寸土寸金的香港，用整整两层的空间打造水疗中心，由此，你完全可以体察这个酒店对于为客人提供卓越水疗服务的决心和信心。

香港置地文华东方酒店的东方水疗中心定位为亚洲一级水疗中心，提供最顶尖的水疗服务。水疗中心采用一系列舒缓身心的天然物料，如竹、天然石及木材等，并提供既全面又独特的健康、美容及按摩服务，务求让客人在东方水疗中心尽情享受灵神合一的现代水疗新体验。酒店的水疗按摩师曾接受多项专业的按摩训练，如中式、欧陆式及泰式等。东方水疗中心拥有 15 间水疗美容室，其中一间为双人而设面积达 700 平方尺的贵宾水疗美容套房。

谁说水疗是女士的专享？愈来愈多男士追求保持外观及心灵的最佳状态，因此，置地文华东方酒店特别推出东方男士水疗系列，为顾客带来两个专为男士设计的美容及护肤品牌 VitaMan 和 TwinLuxe，并推出全球独家 TwinLuxe 功效面部护理，迎合男士的需要，实现“男女平等”。水疗中心还提供康体计划，如普拉提、瑜珈及私人训练，使顾客有一个健康及均衡的生活方式。

香港置地文华东方酒店由两位世界级设计大师首次合作主理——香港出生的国际著名酒店室内设计师 Peter Remedios 为酒店设计出 113 间巧夺天工、匠心独运的精美客房；设计师 Adam D. Tihany 则为酒店餐厅及酒吧创造独特的时尚风格。酒店糅合两位设计大师的精粹，成为中环的全新地标。

酒店提供极宽敞的客房——平均面积达 540 平方尺，而大部分客房面积更达 600 平方尺。时尚的房间装饰 、美轮美奂的玻璃围墙浴室、高级优雅的床上用品，以及革命性的高科技房间娱乐设施等，客房每一处细节均为提高客人感观享受而设。

TwinLuxe 功效面部护理

东方水疗中心和 TwinLuxe 携手合作为顾客带来了全球独家的 TwinLuxe 功效面部护理，45 分钟疗程适合一些繁忙而希望以最短时间获得最佳效果的男士使用。此疗程能改善男士因日常生活之压力及紧张所导致的皮肤脱水，老化致使的失去活力。

45 分钟功效面部护理平日价钱为港币 $ 800、星期五至星期日价钱为港币 $ 860。TwinLuxe 产品及疗程在东方水疗中心独家提供及发售。

Amber

位于酒店七楼的米其林二星法国餐厅 Amber，设计超凡脱俗。餐厅提供各式顶级的美酒佳肴，务求为客人带来耳目一新的美食惊喜。最近更被选为 S.Pellegrino“全球最佳 50 间餐厅”之一。

MO Bar

占地两层的 MO Bar 全日提供多款菜式、获奖鸡尾酒、假日龙虾午餐等，是消闲和社交的好去处。酒吧也以举办著名国际歌星音乐会、世界顶尖调酒大师盛会以及与著名品牌合作的下午茶而闻名，是香港最有格调的蒲点之一。

最新获奖奖项

2012 年度福布斯香港五星级住宿 / 水疗酒店——福布斯旅游指南五星级大奖
2011 年度风尚至臻 SPA 酒店——《风尚周报》金梦奖
2011 年度读者之选大奖酒店——美国旅游杂志《Conde Nast Traveller》
2011 年度最佳水疗水力设备区酒店——Spa China 大奖
2011 年度二星餐厅（Amber）酒店—— 米其林美食指南
2011 年度最具创意法式料理（Amber）酒店——《胡润百富》胡润总统奖

电话：852-21320188
地址：香港中环皇后大道中 15 号
网址：http://www.mandarinoriental.com/landmark
交通：距离香港国际机场约 40 分钟车程；毗邻中环地铁站，与机场快线香港站也仅 5 分钟步程；距离天星小轮码头 5 分钟步程；酒店专车接送宾客往返机场。
周边推荐：酒店位处中环置地广场，由空调天桥步行往各著名商业大厦只需 2 至 3 分钟。中环置地广场为世界著名品牌商店的集中地，而全亚洲最大的 Armani 旗舰店、伦敦以外首间 Harvey Nichols 以及上海滩总店，都离酒店数步之遥。

年会酒店

澳门君悦酒店

度假，狂欢，以年会之名

年会的意义，对于大部分公司而言，在于以度假和狂欢的方式犒劳辛苦奋战了整整一年的“战士们”。位于娱乐天堂澳门的澳门君悦酒店，能够给予“战士们”最彻底的尽兴与放松。

澳門君悦酒店
GRAND HYATT MACAU

喜欢澳门的酒店，大气，奢华。宽敞舒适的房间和丰富多彩的娱乐活动，让人流连忘返。澳门君悦酒店简直就是年会的最理想举办场所。由酒店入口登上 2 楼，你会发现整个楼层全部都为活动场地而设。占地近 8000 平方米的宴会及会议场地设有 15 个多功能厅，同时还有覆盖每个角落的免费无线宽带网络。

澳门君悦酒店灵活丰富的会议场地选择可以满足不同类型企业的需求。喜欢“恢宏盛大”的企业，可以选择宽敞无柱的大宴会厅，这里可摆放约 2000 个剧院式座位，或容纳约 1300 位宾客的盛宴。喜欢“优雅酒会”的企业，可以选择盛会厅 Salão do Teatro，这里的开放式厨房可同时容纳 20 位厨师一同献技。此盛会厅更特别附设私人活动区域，可举行 300 人鸡尾酒会，这里也是澳门唯一一间有天然光线及开放式厨房的宴会厅。而如果要举办轻松随意的活动，位于 3 楼的池畔平台便最合适不过。此场地以 40 米长的户外恒温游泳池为中心，浅水区设有特色池畔酒吧，池边则设有 8 间贵宾池畔小屋和户外花园，气氛悠然写意。

澳门君悦酒店坐落于澳门路氹城以水世界为主题的综合娱乐度假区新濠天地，由两座波浪形设计的主楼组成。全酒店共 791 间客房，大多数都是套房式设计，房内设有以滑门分隔的独立客厅。美食总是度假过程最不可缺少的一环。在这里的餐厅，你能吃到被誉为全澳门最正宗的砖炉木烧北京填鸭、口味多元化的国际美食、驰名的正宗葡式蛋挞，还可以欣赏以传统中式及西式乐器演奏的乐队现场表演。

酒店的客房景观也各具特色。君悦楼的君悦套房，不仅宽敞舒适，而且落地玻璃窗把广阔的珠江或路氹景致尽览无遗。而嘉宾轩楼的君悦豪华客房浴室内的独立式椭圆形浴缸，特别置于落地玻璃前，让住客舒适地浸浴的同时，可尽情饱览珠江或路氹景致。

满堂彩

设有225席的满堂彩，主理北方佳肴，由上海冷盘到即叫即做手拉面，以至被誉为全澳门最正宗的砖炉木烧北京填鸭，应有尽有。餐厅设有4个开放式厨房，包括设有两座传统砖炉、以枣树木和杏仁木为烧制原料的烤鸭区，另有点心及即场手拉面区、明炉小炒区和甜品专柜。除了遵从传统烹调文化，满堂彩更注入西方饮食元素，提供多款上等葡萄酒、香浓咖啡和欧洲甜品，把中式餐饮经验引领至全新境界。

怡·水疗中心

「怡·水疗中心」设有15间宽敞水疗套房（其中6间为双人套房）、按摩池、蒸汽房、冷冻淋浴和休息室，还特设坐拥私人庭园景观的足部按摩室。「怡·水疗中心」的特色护理项目，糅合传统中医原理和科学实证美容技巧，治疗师只采用优质的护理产品，配以澳门本地材料，再加上为「怡·水疗中心」独家供应的多种专利，为宾客提供与众不同的水疗体验。

最新获奖奖项

2011年度风尚至臻年会酒店——《风尚周报》金梦奖
2011澳门最佳商旅酒店——Business Traveller Asia Pacific Award
2011年澳门最佳豪华酒店——TTG China旅游大奖
2010年最佳商旅酒店——《Wallpaper》与《财富》杂志*
2009年澳门最佳行政酒廊——《胡润百富》胡润总统奖

电话：853-88681234
地址：新濠天地澳门路氹连贯公路
网址：http://macau.grand.hyatt.com
交通：酒店位于新濠天地，交通便利，酒店提供穿梭巴士，往来各交通要点及市中心。距离澳门国际机场约3.5公里，乘坐酒店免费巴士约10分钟；距离港澳码头约7.5公里，乘坐酒店免费巴士约15分钟；距离氹仔码头约3.5公里，乘坐酒店免费巴士约10分钟。

三亚文华东方酒店
私密空间，只与大海相连

私密的最高境界在于：不受打扰，却又不感孤独；隐密独居，却又尽览美景。这一境界，我们在三亚文华东方酒店惊喜寻到。

MANDARIN ORIENTAL
SANYA
三亚文华东方酒店

在三亚文华东方酒店，无论你身处客房、套间、别墅还是公共区域，都可以将南中国海的美景尽收眼底。许多客房还设有私人凉亭、水池和装饰有木质平台与雅致护栏的花园，为您提供最私密的享受空间。如果您想远离城市喧嚣，独享美好假期，这里是不错的选择。

酒店的天崖阁全天候为别墅客人提供专享用餐区，供应自助早餐、各式美味小食以及种类繁多的酒水。24 小时客房点餐服务也提供独具文华东方特色的美食盛宴，别墅的客人还可以通过私人管家，为他们在私家花园或露台安排一场“家庭式”烧烤。

三亚文华东方酒店地处静谧的珊瑚湾，拥有 296 间高级客房，毗邻茂密丛林、天然的珊瑚礁及延绵 1.2 公里的沙滩。整个酒店以多座享有无敌海景和热带花园景观的低楼层豪华客房和别墅为特色，所有别墅更设有独立泳池、露台及凉亭。

酒店的设计是基于对中国现代建筑风格的诠释，并注入了设计师对于温馨和奢华的独到见解。客房平均面积比一般酒店的客房大，部分客房另设有木质平台与雅致护栏装饰的私家花园。15 栋面积达 150 平方米的典雅双卧别墅设有专属的私家木质平台、户外泳池、花园和休闲露台，保证为您提供一个最私密的休闲空间。豪华池畔别墅拥有宽大的日光浴平台和葱翠繁茂的花园，都是举办私人聚会和庆典的理想场所。

海角轩 Fresh

位于海滩右侧前临幼沙沙滩的海角轩，全露天设计，提供最新鲜可口的海鲜类美食。汇聚东南亚及欧洲的传统烹饪精粹，结合最新鲜的食材，构成丰盛的美食飨宴。中式、亚洲、印度及法国普罗旺斯的料理方法，厨房前海鲜缸随意挑选并当场烹制成品的鲜活海鲜和贝壳类水产以及各式各样的肉类及禽类精美菜肴，种类繁多的东南亚风味美食或精致的法式佳肴……还有那熊熊燃烧的篝火，使这个平静而美丽的海滨餐厅成为了浪漫晚餐和休闲聚会的首选之地。

蓝调爵士吧 MO Blues

拥有 60 个座位的爵士酒吧，让您尽情地享受专属您的美好时光。另外，在酒吧专设的高贵奢华的雪茄廊里，提供世界顶级的雪茄，蓝调爵士吧是雪茄鉴赏专家的心仪之地。此外，酒吧还供应 42 种单麦芽威士忌，其种类之多居中国之最，也仅选用手工切割的水晶材质做成的酒器。

日落吧 Sunset Bar

在这里，宾客可以俯瞰珊瑚湾和辽阔的南中国海。日落吧有专业调酒师调制各类特色鸡尾酒，从传统到最新流行的口味应有尽有，盛放在优雅精致的酒杯中。日落吧还提供品种繁多的葡萄酒、烈酒，以及各类鲜榨果汁、奶昔。

水疗谷

与所有文华东方酒店水疗中心一样，三亚文华东方酒店秉承了集团的传统精髓，融合了亚洲传统的净化身心之至高境界，训练有素的理疗师为宾客带来细致入微的贴心服务。水疗谷提供包括泰式按摩、香薰精油按摩、纯植物精油深层按摩、瑞典热精油按摩、Hilot（古菲律宾人按摩法）在内的多种按摩服务。当然，您还可以享受到文华东方特有的广受赞誉的面部护理疗程和“Time Ritual”水疗旅程。酒店尤为注重健康与调养，资深传统中医学家将为您提供个人健康咨询和各种中医疗程，比如针压法、针刺法、针灸、拔火罐和中医正骨术。

最新获奖奖项

2011 年度风尚至臻私密酒店——《风尚周报》金梦奖
2011 年度最佳度假酒店——《时尚旅游》（中文版）
2011 年度中国最佳奢华私密度假酒店——第八届中国酒店金枕头奖
2011 旅行者世界旅游行业大奖——最佳蜜月酒店
2010 年中国旅行奖百佳酒店——《私家地理杂志》
2010 年度最引人入胜度假村水疗大奖——《Spa China 杂志》

电话：86-898-88209999
地址：海南省三亚市榆海路 12 号
网址：http://www.mandarinoriental.com/sanya
交通：酒店距离三亚市中心仅 7 分钟车程，驱车前往三亚凤凰国际机场也仅需 20 分钟。
周边推荐：酒店毗邻多个旅游景点，南山寺、鹿回头公园、大小洞天、蜈支洲岛、西岛、槟榔谷、呀诺达热带雨林、森林公园、海底世界、蝴蝶谷等均可在 1 小时之内抵达。

金茂三亚丽思卡尔顿酒店
这是孩子的完美假期，也是你的

这里也许是三亚海畔听到最多孩童笑声的地方。金茂三亚丽思卡尔顿酒店不仅为客人营造了最佳的亲子同游氛围，而且还是你偶尔暂时放下孩子享受二人世界的“最佳保姆”。

THE RITZ-CARLTON®
SANYA

在南中国海美丽的亚龙湾畔与浪花嬉戏，在洁净的沙滩上留下足迹，或是在私密别墅的露台上酣然入睡，这一切还不足以满足你与孩子的完美假期么？那么，加上这些呢？你可以与孩子一起拜访“马丁伯伯的小菜园”，体验“化腐朽为神奇”的绿色之旅；你可以与孩子一起深潜海中，探秘海底瑰丽奇迹；你也可以和孩子一起趁着月光，到海边踏浪抓螃蟹。

而更妙的是，专业的国际化儿童服务团队，可以使不同国籍的父母在悠然放心的同时享受属于他们自己的美好假期，轻松享受雪茄尊享课程或水中瑜伽。

坐落于风光旖旎的亚龙湾畔，金茂三亚丽思卡尔顿酒店，是一个青山绿水相映、阳光沙滩闪耀的热带度假天堂。从入住伊始到道别时刻，法国专业儿童服务机构 Petit VIP 的专家团队为金茂三亚丽思卡尔顿酒店的小客人们精心安排的旅程处处是风景，时时有惊喜。在爸爸妈妈们办理入住的时候，孩子们可以在儿童礼宾台领取专属儿童护照，开始即将到来的精彩假期，并享用酒店特有的儿童欢迎糖果、儿童欢迎饮料，或者跟儿童亲善大使一起把手中的气球变成一只小狗。

别出心裁的儿童设施和专业儿童入住指南在房间里静候小贵宾，全套儿童洗漱沐浴用品专为宝贝们细嫩的肌肤而设计，儿童浴袍、儿童拖鞋……一应俱全。如果宝贝在三岁以下，还有加热器、消毒器、婴儿高脚椅等各种婴儿常用设备租借。为了照顾年幼儿童的饮食需要，酒店甚至悉心准备了健康婴儿食谱，厨师团队可随时为宝宝烹饪可口的营养美食，并在食品安全和卫生方面严格把关，让父母少了后顾之忧。

客房点餐，小朋友有专属卡通餐具和机器猫桌布，餐厅里趣味盎然的儿童菜单上有行政总厨写给所有小朋友的信，也有“白雪公主”儿童鸡尾酒和“麦兜”果昔。鸡尾酒喝得意犹未尽？那就参加儿童鸡尾酒制作课程，让自己天马行空的创意化作杯中的独家美味吧。制作鸡尾酒的金桔则干脆出自马丁伯伯的神秘花园，何不去花园看看甘蔗是不是已经成熟，或者带着神气的卡尔顿狗散步？

当丰富多彩的旅程结束，小朋友们念念不忘的不仅是亲手绘制的陶瓷娃娃、埋在神秘花园的许愿瓶，更有护照上满满的多彩回忆。

创意餐饮

无论是撷取本地天然有机食材的五指山小黄牛系列菜品、五指山野生蜂蜜鸡尾酒、海南琼浆山兰米酒，还是黎苗风情竹竿舞烧烤派对，抑或是针对家庭时光、浪漫晚餐、朋友聚会等不同主题定制的别墅私属用餐服务，酒店的创意餐饮都将为你带来前所未有的入住体验。

婚礼服务

三亚唯一的室外婚礼礼堂以壮丽的南中国海为背景，在亚龙湾沙滩之畔，为新人们见证这一终生难忘的幸福时刻。

最新获奖奖项

2011 年度风尚至臻亲子酒店——《风尚周报》金梦奖
2011 年度中国十大最受欢迎度假酒店——第八届中国酒店金枕头奖
2010 中国十大最具魅力酒店——中国酒店星光奖评审委员会
2010 金叶级绿色饭店——全国绿色饭店工作委员会
2010 大众评选我最喜爱的度假酒店——携程网

电话：86-898-88586661
地址：海南省三亚市亚龙湾国家旅游度假区
网址：http://www.ritzcarlton.com/zh-cn/Properties/Sanya/
交通：距离三亚凤凰机场 31 公里，距离三亚汽车站 24 公里，距离三亚火车站 23 公里。

年会酒店

三亚湾海居铂尔曼度假酒店
与君共赏丰收喜悦

年会对于每个公司来说，就像一年辛勤播种之后的丰收喜庆，三亚湾海居铂尔曼度假酒店用他们的专业和细心，让这份喜悦来得分外温馨。

pullman
HOTELS AND RESORTS
OCEANVIEW SANYA BAY RESORT & SPA

葱郁的园林景观，搭配南中国无敌海景，是哪个酒店，将中国古典风韵与东南亚热带风情如此完美融合？无论您是选择私人假期或是公司年会活动，三亚湾海居铂尔曼度假酒店都将成为您难忘的体验。

酒店的405间精致典雅的客房和套房全都面朝中国南海，专属配备铂尔曼高品质床上用品、iPod播放器、Nespress咖啡机、液晶平板电视、免费上网接口和私人瑜伽垫等，在开阔的房间阳台可尽赏怡人海景。此外，酒店还有8栋豪华别墅，各附设私家泳池和露台。

酒店完美的会议场地适合举办各类形式的宴会活动，无论是公司年会、大型会展还是高雅婚宴，一应俱全。宽敞庄重的大宴会厅可容纳1000人左右的会议活动，8间独立会议室可满足多种功能需求。

每个成功会议的背后，都有着酒店强大的团队支持。这里有先进的设施设备、量身定制的问题解决方案以及全程会议服务，专业的会务经理自始至终关注会议的每个细节，确保会议活动的顺利进行。IT解决方案经理则全力提供会议所需的各种多媒体设施和技术支持。

酒店免费提供的“休憩空间”，让与会者在会议之余，可以稍事放松或者开展社交洽谈。这样的专属空间，是铂尔曼品牌酒店独有的会议配

套服务。

美食氛围是酒店的活力源泉。创意无限的沙洲西餐厅，为您呈现国际美食文化的水乳交融，开放式厨房现场演绎美食的缔造过程。主理纯正粤菜的鼎味轩中餐厅，待您在精选菜单中发现美味惊喜，四个精致包厢，适合任何性质的聚餐或商务宴请。酒店行政楼层的栖霞阁拥揽壮丽无垠的湛蓝海景，找个舒适的位置让思绪随波逐流，在泉水般的音乐之中静观美景。转身来到热情活力的沙滩吧，夜晚将上演精彩的乐队表演。在海风漫不经心的抚慰下，莅临泳池旁的普瑞思吧，享用丰盛的新鲜烧烤，或者点上一杯特调鸡尾酒，在大堂酒廊品味时光的韵味。

酒店完善的康乐设施包含健身中心、大型户外泳池、灯光网球场、300米专属海滩及水上运动等等，还有泰式善水疗中心，可以尽情感受极致水疗的魅力。

善水疗中心

三亚湾海居铂尔曼度假酒店的善水疗中心，拥有舒适私密的休息区和 18 间典雅的理疗室，水疗中心将海洋新生的元素淋漓尽致地发挥在各项理疗项目之中，采用天然海洋植物、矿物质、海水和海藻等营养成分，呵护您娇嫩的肌肤。或者体验一下独有的印度滴油理疗——阿育吠陀，或者传统泰国皇家疗法，在专业理疗师娴熟的手法技艺中，尽情畅享极致的水疗体验。

鼎味轩中餐厅

主理纯正粤菜和生猛海鲜的鼎味轩中餐厅，待您在精选菜单中发现美味惊喜。来自广东的大厨班底，倾情演绎经典粤菜美食文化，鲍鱼、燕窝、生猛海鲜，抑或是精美的广式点心、靓汤甜品，专业的美食团队将简洁的烹饪艺术淋漓尽致地发挥在一切食材之中。

多款时令创意美食，健康营养系列菜肴，满足不同味蕾的尊贵享受。开放式透明厨房，尽可观赏美食的缔造过程。餐厅共有 4 个 VIP 包厢，舒适典雅的设计风格和专属化服务，是商务宴请或团体活动的最佳选择。

最新获奖奖项

2011 年度风尚至臻年会酒店——《风尚周报》金梦奖

2011 年度中国十大最受欢迎新开业酒店——第八届中国酒店金枕头奖

2011 年度最佳酒店经理人（酒店总经理布瑞狄先生）——第八届中国酒店金枕头奖

2009 年亚洲酒店业金橄榄奖（最佳总经理）——中国旅游与酒店管理协会

电话： 86-898-88288888

地址： 海南省三亚市三亚湾路 158 号

网址： http://www.pullmanhotels.com.cn

交通： 酒店位于三亚市三亚湾路的中心位置，距离机场和三亚市中心仅 10 分钟车程，距离高铁车站 15 分钟车程。

周边推荐： 南山寺、大小洞天、西岛、大东海、亚龙湾、热带森林公园、蜈支洲岛、南田温泉、南湾猴岛等，近在咫尺，是不容错过的旅游体验。

三亚湾海居度假酒店公寓
家在，海居生活在

父母永远都想给孩子最好的，三亚湾海居度假酒店公寓给父母们想给的一切，家的感觉在此再次升华。这里，会让你计划中的三亚亲子游更臻完美。

SEA DWELLER
海 居

带孩子出游，成套的酒店公寓是最好的选择。在三亚湾海居度假酒店公寓，你可以和孩子在超大观海阳台的亲海泡池中玩水嬉戏，和亲人一起享受南中国海的瑰丽美景；在酒店的各色餐厅中你的孩子将享受到王子或公主般的幻梦奢华，你也可以做自己私家厨房的主人，在配备先进的私家厨房现场制作自己喜欢的美味佳肴。豪华套房典雅的空间，让你享受奢华的五星级待遇与优质的服务，拥有家的温暖。牵着孩子，透过观景阳台大大的落地玻璃窗，俯瞰浩瀚无垠的大海，仿佛傲立层峰之巅，让孩子体验俯瞰天下的豪迈。

三亚湾海居度假酒店公寓，坐落于素有“椰梦长廊”美誉的中国热带海滨旅游度假区——三亚湾畔。酒店公寓与国际知名的度假酒店——三亚湾海居铂尔曼度假酒店遥相呼应，共享配套资源。恬静的南国园林，温馨的各类泳池，欢快的儿童乐园及独具特色的儿童活动，300 米海滩及私家沙滩隧道为你的孩子量身定制。精心为宾客打造了 53 套豪华套房，典雅的空间，让你享受奢华的五星级待遇与优质的服务，让你拥有家的温暖。

270 度观海视界，超大观海阳台，让你和孩子狂欢在无比惬意的亲海泡池，拥抱三亚湾畔的瑰丽美景。300 米海滩、私家沙滩隧道，欢迎你和孩子的尽情奔跑。夜晚，恬静的月光、海浪演奏优美的琴声是孩子最好的晚安曲；早晨，海上日出、朝霞辉映让你和家人一起感受到滨海城市的浪漫气息。

在这里，享不尽的美食美景，让你随心所欲地去感受度假生活的温

馨。充满蓝色之魅的海居，带着东方的妩媚、西方的性感，像一杯浓郁的由碧海、蓝天、阳光、音乐和欢乐调制而成的鸡尾酒，令人无法抗拒。在这里，随时可以举办一场盛大的派对，抑或是一场华丽的私人酒会。各式餐厅集古典与华贵于一身，营造出超凡脱俗的就餐氛围，你大可在高雅的品位中尽享国际美食和高品质服务，观其色，闻其香，然后慢慢体验非同凡响的味觉感受，仿若时光流转，尽得逍遥之乐。

海居的厨房演绎着滨海独特的就餐环境，你可以在私家厨房现场制作自己喜欢的美味佳肴，感受迎面而来的度假休闲气息。而泡在静谧的SPA池里，任汩汩温热洗涤身心，呼吸着三亚湾的清新空气，尘世的喧嚣和浮躁慢慢沉淀，感受回归自然的心灵之旅，才是真正意义上的生命奢享。

最新获奖奖项

2011年度风尚至臻亲子酒店——《风尚周报》金梦奖

电话： 86-898-38880388
地址： 海南省三亚市三亚湾路158号
网址： http://www.sybayhaijuhotel.com
交通： 酒店优越的地理位置，距离三亚市中心和三亚凤凰国际机场仅需10分钟车程，方便快捷，而且酒店提供免费穿梭巴士来往市中心和机场。
周边推荐： 天涯海角、南山寺、南湾猴岛、温泉等，近在咫尺，是不容错过的旅游体验。

奢华酒店

候鸟度假酒店
60000 只候鸟之间，自由发呆

奢侈的享受并不局限在一个有限的空间里，行到水穷处，坐看云起时，在心里留下一份广袤的自然之味、生态之趣，才是都市中真正的奢侈享受。候鸟度假酒店完美演绎着全新的低奢度假酒店概念。

坐在高尔夫球车上，穿行于候鸟度假酒店的浓荫之中，眼前时不时地便有一只鸟儿腾空而起，划出一道流动的弧线，此时此刻，世界仿佛是无声无息的，人倒像喝了点红酒一般，在阳光下找到微醺的感觉。对于住腻了标准化的五星级酒店，看惯了高楼林立的都市人来说，浅水湾畔的一栋一层别墅倒是展现出一幅独特的画卷，这是一种在国内悄然兴起的“小型奢侈酒店”度假别墅。

全球候鸟度假地是光耀地产深度洞悉全球财富走向和生活趋势之后，专为时常全球飞行的中国富人定制的低奢一层泳池别墅，而候鸟度假酒店则是光耀地产携手中国首家加入世界一流酒店组织的白天鹅酒店联手倾力打造的南中国首家小型奢侈酒店。摒弃传统酒店的金碧辉煌，在集原生湖系、纯正高球场、自然候鸟栖息地的度假胜地构筑“小而精致”的个性化酒店，打造不露声色的私属新奢华。

远处，葱郁果岭漫向天际，湖泊如绿松石镶嵌其中。60000 只来自大洋彼岸的候鸟就栖息在 12.4 万平方米的天然湖泊周围，这样的美景之中，一定要去高尔夫球场挥杆，运动的时候才好像真正走进了这片天地，自己也成了风景的一部分。当然，也可以选择另一种安静的方式，小憩也好，看书也好，按摩也好，都是打发时间的良方。有的别墅还配有一个发呆亭，真是令人向往的名字。忘记了时间的我们，才真正成为了自己的主人，任心灵像鸟儿一样飞翔，这种自在随性的生活态度才是一种不动声色的奢华。

相比传统星级酒店的 1:1，候鸟度假酒店的服务人员与客房的比例是 3:1 或 4:1。这里每一栋独立平层别墅都配有露天按摩池和泳池，即使在白天，你也可以放心地去享用，与你亲密接触的只有枝影横斜的鸡蛋花树，既能贴近自然，又能不被打扰。

九间厨

美食永远是白天鹅 SPA & RESORTS 的重要主题，当然也不缺各种搭配精美佳肴的佳酿

强势劲推“粤 + 川 + 鲁 + 湘 + 本帮 + 淮扬 + 客家 + 法 + 意”九大菜系

外加米其林世界级厨师与中国顶级厨师巡回驻店

提供来自全球的美食之享，完美结合东方的神秘和西方的优雅

绝对衬得起您的美食品位，让味蕾在舌尖上尽情地舞蹈

SPA

徜徉于南中国原生态的竹林海洋，放松身心投入室外按摩池中，抑或在您的私人 SPA 房内，尽享异国理疗的极致宠溺，沉醉于身心愉悦的最佳状态。东南亚风情 SPA、身体护理等系列水疗体验、养生之道特别为您定制，让您全身心体会到自然与养生的天人合一。

最新获奖奖项

2011 年度风尚至臻奢华酒店——《风尚周报》金梦奖

电话：400-6280999

地址：惠州市惠东县大岭镇候鸟高尔夫球场

网址：http://birdsresort.zuu8.cn/(建设中)

交通：广东省惠州市惠东县大岭镇广汕公路旁（广惠高速或潮莞高速大岭出口左转 1.5 公里）。

周边推荐：这里有多个国家 4A 级旅游景区，自然风光独特秀丽，每一处的风景如诗如画，有著名景点巽寮湾滨海度假区、惠州海滨温泉、御景峰国家森林公园等等。喜欢浓厚历史气息的，可参观九龙峰上的得道亭、龙峰祖庙、文昌宫、龙通寺，再到皇思扬古围村、平海古城……这里留有时光太多的足迹。

商务酒店

深圳益田威斯汀酒店
商旅路上，宾至如归

深圳益田威斯汀酒店用人性化的服务，给每一个风尘仆仆的商务旅行者“家”的归宿，完美阐释了商务酒店追求的最高境界——“宾至如归”。

THE WESTIN
SHENZHEN
NANSHAN
深圳益田威斯汀酒店

在商务旅程中，一次舒适的睡眠体验，一顿可口美味的午餐，一个放松身心的 SPA，都能把积累的疲惫一扫而光，深圳益田威斯汀酒店深深了解顾客这样的需求，顾客们需要的，他们都想到了。

深圳益田威斯汀酒店拥有 350 间时尚豪华的客房及套房，每间均有赏心悦目的自然景观环绕。房间内以清新淡雅的绿色为主调，装潢风格极具现代韵味，并配有奢华的威斯汀标志性天梦之床®，带给顾客旅途中最放松的休憩。纯白的“天梦之床”豪华舒适，由特别添加表层软垫的个性化席梦思、爽洁的床单、奢华的羽绒被，以及 5 个梦幻枕头组成，营造最佳睡眠环境。

绿色会议是威斯汀最新研创的一项会议概念，它通过采用各种实用有效的场地布置、设施用品、会议服务等，旨在使现代会议更加高效、环保。酒店拥有威斯汀大宴会厅和 8 个多功能厅，提供总面积达 1100 平方米灵活多变的会议空间。

酒店拥有 5 家与众不同的餐厅及酒吧，时尚而不失传统精髓，为顾客奉上形神兼备的环球佳肴。现代高档的中国元素中餐厅提供正宗粤菜；全天候营业的知味咖啡厅为您奉上国际风味自助餐及零点菜单。您可以在大堂吧细品诱人的鸡尾酒或醒神小吃，或在思悦兹饼屋品尝新鲜磨制

的咖啡及法式糕点。如果您喜欢浪漫独特的用餐环境，不妨来到位于酒店顶层的威斯汀扒房用膳，世界顶级的牛排配以独特手法烹制，还有众多海鲜佳肴同样出众，硕大的酒柜珍藏上百款罕见的葡萄酒，实为葡萄酒爱好者的品酒佳地。全方位落地玻璃环绕让城中美景及迷人的深圳湾畔尽收眼底。

威斯汀客房内的水疗计划是酒店业中首创，其特别设计的水疗床和感官仪式，将客房内护理提升到了一个全新的奢华个性境界。威斯汀礼宾部还打造了独特的威斯汀健康跑项目，让顾客在酒店旅居期间也能坚持每日晨练。顾客可与礼宾部预定晨练时间，由礼宾生陪同顾客一起在酒店周围慢跑，并向顾客介绍周围景致和地标建筑，让顾客在健身的同时了解当地风情。项目还提供跑步地图、运动用水和毛巾，十分贴心。

而量身定制的威斯汀焕动客房，是威斯汀酒店标志性客房之一。客房内配有跑步机或动感单车及其他锻炼器械，让顾客足不出户即可投入充满挑战和愉悦的健身活动中。

SuperFoods 活力食品

“SuperFoods 活力食品”的原料被认为是最有利于对抗疾病和促进健康的食品。在深圳益田威斯汀酒店，顾客会发现不仅在营养丰盛的早餐中可以找到“SuperFoods 活力食品”，还可以在自助午餐和晚餐、客房送餐菜单、宴会茶歇中品尝到美味可口的“SuperFoods 活力食品”菜式。

威斯汀天梦水疗™

专为提升感官享受设计的威斯汀天梦水疗™，是威斯汀品牌水疗精选。其提供的一系列个性化护理及其追求的宁谧、平和、愉悦的境界，均有助于肌体滋养，身心焕发。汇聚东西方水疗护理、古法及现代理疗，威斯汀天梦水疗的理念清新自然，不仅追求肌体均衡协调，更倡导心神的充沛愉悦。

最新获奖奖项

2011 年度风尚至臻会展酒店——《风尚周报》金梦奖
2010 中国最佳商务酒店——中国金樽奖
2010 中国最佳会展酒店——TTG China
2010 中国最佳商务酒店——中国星光奖

电话：86-755-26988888
地址：深圳市南山区深南路 9028-2 号
网址：http://www.westin.com/shenzhen
交通：抬腿即至的地铁站和多条公交线路可方便到达城中各地，交通十分便捷。
周边推荐：位处繁华城市的商务与旅游交会地，距离著名的旅游景点世界之窗、欢乐谷等仅咫尺之遥。酒店所坐落的益田假日广场，是一个集时尚品牌、大型影院、明星冰场及各种风味餐厅于一体的综合购物广场。

商务酒店

深圳喜来登酒店
会展之邻，营造“家外之家”

一个高人气的商务酒店，既需要有先天的地理交通之便、完善出色的硬件设施，也离不开优质服务带来的“宾至如归”的温暖。位于会展之邻的深圳喜来登酒店，为商务人士出色营造了一个舒适的“家外之家”。

Sheraton
Shenzhen
HOTEL
FUTIAN
深圳喜来登酒店

深圳，一个商业繁忙的现代都市。而深圳喜来登酒店就坐落在深圳福田中心区这一都市的心脏地带，位于深圳市民中心及会展中心之间，已然成为福田中心区快速发展的一个新地标。酒店客人可以便捷地通过深圳地铁直达香港关口及深圳主要的购物、观光及商务地段。

深圳喜来登酒店有着作为优秀商务酒店的地利之便——距离深圳会展中心仅百米之遥。超过3500平方米的宴会场地，其中包括全城最具规模的无柱式宴会厅及20个不同面积的多功能厅，均配备有领导潮流的视听设备，酒店训练有素的宴会服务团队为您打造圆满、成功的会议体验。酒店可承办各式各样的商业活动，包括各式会议、研讨会、展会和高档宴会等。

酒店由两栋28层的塔楼组成，354间客房及套房呈现给客人生动的城市景观、无与伦比的舒适感及奢华感。每间客房均配有喜来登品牌独有的甜梦之床、32英寸宽频液晶电视及国际卫星频道、无线互联网宽带、独立的浴缸及淋浴设施等。

喜来登行政楼层的客房及套房提供欢迎水果、免费熨烫（两件）、延迟退房、免费使用行政酒廊设施及享用丰盛早餐、全日小吃及餐前点心等。

酒店拥有多个风味餐厅、时尚酒吧及酒廊，确保满足您与朋友或家人的欢乐用餐体验。

此外，酒店还为结束一天疲累商务会谈的客人准备了齐全的健身中心、室内外泳池、网球场、水疗会所等休闲设施，务求让客人在这“家外之家”流连忘返。

Mezzo 意大利餐厅

Mezzo 意大利餐厅提供正宗的意大利菜式，并屡获殊荣。值得一提的是，餐厅专业的厨师团队和服务人员还可按照客人的特殊要求烹制菜肴，保证每一次的用餐体验都是最满足而难忘的。

怡聚轩

全日餐厅怡聚轩搜集了全球经典美食，包括中式及西式佳肴。每逢周五、周六晚，这里还网罗了 70 多种冷热海鲜。全城最丰盛最新鲜的海鲜自助佳肴，为您呈上鲜活饕餮盛宴。每周六更有绝对不容错过的“绯红之飨”早午餐，长达 3 个半小时的豪华美食之旅，配以现场乐队的倾情演唱，还有神秘抽奖活动，让周末变得更精彩。

哈瓦那酒吧

走进哈瓦那酒吧，无论是与客户商务洽谈，还是与佳人浪漫约会，甚至是邂逅更多的朋友，这里都是您独一无二的理想选择。这里有温暖惬意的氛围，谦恭细心的员工，还有款款醉人的食品及红酒供您甄选。每周不同的周五主题之夜和现场乐队晚间演绎给您喧闹忙碌的城市生活带来完美放松。

最新获奖奖项

2011 年度风尚至臻酒店人（那瑞帝总经理）——《风尚周报》金梦奖
2011 年度风尚至臻商务酒店——《风尚周报》金梦奖
2011 年度最佳商务酒店——中国旅游金榜
Mezzo 意大利餐厅——2011 意大利卓越款待奖
中国最佳设计精品酒店——第六届中国酒店星光奖
2010 年度深圳最佳酒店——第十九届商务旅行亚太旅游大奖

电话：86-755-83838888
地址：深圳市福田区福华路大中华国际交易广场
网址：http://www.sheraton.com/shenzhen
交通：地铁 1 号线会展中心站。位处 CBD，比邻会展中心和市民中心，临近香港关口及购物观光地段。
周边推荐：深圳会展中心、深圳市民中心、中心城、购物公园、莲花山公园、世界之窗。

佛山保利洲际酒店
以 Ai 之名，定制永恒

佛山保利洲际酒店为每对新人提供的，不仅仅是一场梦中的婚礼，而且还是人生重要时刻的神圣承诺，对至死不渝爱情的永恒加冕。

运河畔的户外婚礼亭，犹如唯美的伊甸园，带有异国风情的“贡多拉之船”停靠在秀美的景观运河畔，为举行水上浪漫婚礼增添一抹环球婚宴风俗。新娘踏水而来，新郎在岸边迎接他的新娘，在户外婚礼亭举行浪漫仪式。如此的浪漫，会是新郎给新娘的惊喜吗?

保利洲际酒店以“Ai”的名义为每一对新人打造属于自己的完美、奢华、时尚、经典的梦想婚礼。你会发现酒店的所有婚宴套餐都是以“Ai”来命名的，它们分别是Ai相知、Ai相恋、Ai相伴、Ai相随和顶级婚宴套餐Ai永恒。

“爱永恒”是酒店特别推出的一款顶级婚宴，专注为新人定制铭记一生的爱情婚礼：凡选择“爱永恒”婚宴套餐的新人，可以把爱的双手，拼成爱的形状，印刻在华美的手印台上，铭刻在镌刻爱情印记的爱情“星光大道”上，让悠悠岁月见证你们永恒不渝的爱恋，典藏你们的珍爱。这个独家策划的婚宴产品很受新人的青睐，象征着新人爱情旅程的里程碑。在你们的结婚周年纪念，甚至若干年后都可以带着孩子来到这里回忆当年的甜蜜浪漫。

除了举行婚礼，这里也可以成为蜜月佳境。佛山保利洲际酒店是南海区首家国际豪华酒店。地标性的酒店建筑，秀美的景观运河和静谧的千灯湖美景，令你坐拥开阔视野，尽享自然怡景。酒店拥有445间舒适的豪华客房及套房，视野极佳；5间特色餐厅及巴西风情酒吧，别具一格；华丽气派的无柱式大宴会厅和15个多功能厅，满足您的各类活动需

求；国际水准的健身中心、水疗、阳光泳池和网球场等完善的休闲设施带来洲际的非凡体验。更有熟悉本地风情的专家，带您深入洞悉魅力佛山，尽享难忘的佛山之旅。

月色西餐

时尚自助与零点餐厅，位于酒店大堂一层的景观运河畔，提供室内及户外的用餐环境。餐厅内设有多个开放式厨房，由厨师现场烹制各地美食。流连在花园、观景台和运河美景之际，您还可以欣赏大师们的精湛厨艺，享受西式、东南亚、日本、印度及当地的饕餮美味。

餐厅的零点菜单呈现了最新口味的现代美食，同时也保留了菜色的原创性和地道风味。餐厅一侧是落地玻璃窗和优雅舒适的户外用餐区，优美的花园和运河景致，使这个餐厅极具休闲度假风情。

自助餐招牌：煎焗龙虾、酥皮鱼翅汤、三文鱼刺身、哈根达斯冰激凌等。

御公馆中餐厅

主理经典粤菜，提供全国各地特色佳肴。9个尊贵厅房是商务宴请、亲朋团聚的绝佳选择。茶吧奉上地道的功夫茶，酒格中的各国葡萄佳酿及中式珍藏名酒静待您的鉴赏品味。

这舒适雅致、引人入胜的餐厅以其富于中国特色的装修风格，让任何来到御公馆中餐厅的宾客都能留下深刻的印象。御公馆不仅为您全面

诠释粤式料理的精髓，更让您享受到尊贵奢华的非凡体验。

招牌：石湾御冰烧鸡、御公馆卤水拼盘、火山岩石烹时令海鲜。

Ole'Ole'巴西餐厅

开放式的烤架，大厨们现场烤炙奢美的巴西烤肉。精心设置的沙拉吧和甜品吧，为您的健康提供更多关爱。专业侍酒师非常乐于向您介绍适于不同肉质的佳酿，美酒佳肴相得益彰，引领您领略“饮”与“食”的精粹。

餐厅坐拥怡人千灯湖及运河景致，而起源于400多年前的巴西烤肉的独特秘方，使各色烤肉及海鲜增添了鲜嫩的肉质口感，吮指美味，齿颊留香。晚上还有南美乐队现场演奏，您可以一边品味地道巴西美食，一边感受南美风情。

招牌：带油三角肉、带骨牛腹肉、带骨羊腿肉、烤火鸡鸡胸。

最新获奖奖项

2011年度风尚至臻婚庆酒店——《风尚周报》金梦奖
2011金驿奖·最佳酒店评鉴——最佳宴会服务奖
中国酒店业最佳商务酒店奖——第三届酒店业“金樽奖”
2011中国十佳新开业酒店——星光奖
2011最佳新开业酒店——世界酒店“五洲钻石奖”

电话：86-757-86268888
地址：佛山市南海区灯湖东路20号
网址：http://www.intercontinental.com
交通：10分钟步行即可到达广佛地铁千灯湖站，距离佛山市中心仅10分钟车程，距广州市区仅18分钟车程，驱车前往广交会琶洲展馆和广州白云国际机场分别仅需28分钟和50分钟车程。南海候机楼位于酒店的侧门，直达广州白云国际机场。
周边推荐：酒店南面静谧的千灯湖，西邻秀美的景观运河，北接保利水城大型购物广场，东望广佛地铁千灯湖站。洲际酒店致力于把当地的行家体验带给客人，无论您是想拜佛山文化精粹汇聚的祖庙，观薪火相传五百余年的南风古灶，还是寻功夫大师黄飞鸿、李小龙的生前足迹，习几式咏春拳法，酒店礼宾团队乐意与您分享体验一个多彩的魅力佛山。

新锐酒店

惠州凯宾斯基酒店
当欧式奢华遇上中国文化

作为欧洲最为古老的奢华酒店集团，凯宾斯基与惠州的结合，变得格外令人期待。当欧式奢华遇上中国文化，假若能够从中找到最佳契合点，那便是来自传统欧洲酒店的新锐表现。

Kempinski
HOTELIERS SINCE 1897

在惠州凯宾斯基酒店的普拉纳啤酒坊，你可以品尝到来自德国的酿酒师采用德国原材料精心酿造的啤酒。酒店点心大厨们则带来一道道精心制作的欧洲点心，即使不在酒店住宿，也可以购买，轻松享受来自欧洲经典五星级酒店的美味与服务。这就是惠州凯宾斯基酒店带给惠州宾客的新鲜体验——足不出户，就能体验传统欧洲范儿。

酒店甫一建成，就成为了惠州市的地标式建筑。它坐落于广东省惠州市 CBD 中央商务区核心腹地，毗邻惠州市政府，隔街紧邻文、体、艺、科、展、书六大场馆，傲赏城市中央无敌峰景，无限视界尽览两江四岸。

凯宾斯基酒店集团创建于 1897 年，是欧洲最为古老的奢华酒店集团。凯宾斯基传统的欧洲风格及中国的待客之道珠联璧合，提供独具特色的人性化服务范例，辅之以最为新颖的商务设施，使饭店顺理成章地成为会议、休闲或商务会谈的绝佳场所。欧式文化与中式文化的结合，让酒店的风格自然也有所不同，所引进的产品和服务也非常具有特色，既洋溢着亚洲热情，又充满了欧洲风味。

酒店豪华房间均提供宽敞的工作台和休息区、42 英寸纯平液晶电视和 DVD 播放器、咖啡机、咖啡台、室内保险箱、免费使用无线上网和免费报纸。宽敞的浴室配备了独立热带雨林淋浴间和浴缸，每一位客人都将感受到不同寻常的入住体验及闻名遐迩的传统欧式服务。

酒店大堂吧、凯宾美食廊、四季西餐厅、普拉纳啤酒坊、江户城日本料理、玉龙轩中餐厅随时准备为客人提供殷勤周到的服务。来自迪拜

的行政总厨 Iain Joyce 将带客人领略别具特色的当地美食和令人垂涎的国际佳肴。

无敌的商务会议厅是凯宾斯基的最大特色，酒店拥有惠州最大的无柱式 1050 平方米的会议室，会议室还采取可分割的结构设计，不同大小的会议室多达 15 个，无论何种规模的会议都有适合的选择，完全可以为每个客人量身定做符合各种要求的会议室。会议室均配备先进的视听设备、嵌人式屏幕，是华丽婚礼或年终晚会的最佳选择之一。专业的服务团队将确保带给客人一次终生难忘的美好体验。

凯宾美食廊

凯宾美食廊将传统欧式烘焙带入惠州，让您体验到传统欧式烘焙所带来的愉悦之感。在时尚雅致的环境中，家庭烘焙的欧式甜点、新鲜的咖啡和果汁、家庭烘烤的面包、令人垂涎的三明治等将伴您度过美妙的小憩时光。此外，凯宾美食廊还提供外带服务，欢迎您外带回家，与家人共享。

惊喜之旅

全球酒店联盟探索计划为旅行常客们提供了一项全新的优惠：不管您旅行到何地，无论是商务出行还是休闲之旅，皆能享受到最纯正地道的体验，拥有终生难忘的经历。而且，随着旅行次数的增加，会员级别将逐步升级，并能享受到更加舒适和更加地道的当地体验，拥有更加难忘的经历。

最新获奖奖项
2011 年度风尚至臻新锐酒店——《风尚周报》金梦奖
最佳新开业酒店奖——2011 广东人最喜爱的酒店评鉴

电话：86-752-2898888
地址：惠州市惠城区云山西路 2 号
网址：http://www.kempinski.com/CH/huizhou
交通：惠州凯宾斯基酒店坐落于市中心商业区，与惠州市会展中心隔街相望。火车站、汽车总站距离酒店均为 6 公里，提供穿梭机场巴士前往广州、深圳机场。
周边推荐：惠州西湖、罗浮山、平海古城、大亚湾等。

海清：习惯把酒店当做旅途中的家

《双面胶》、《王贵与安娜》、《蜗居》、《媳妇的美好时代》和《鲜花朵朵》……一部部热播剧的背后，都少不了“媳妇专业户”海清的名字，她是“收视率的保证”，她是金鹰节“双料视后”、“最具人气女演员”,她是时尚大典“红毯最佳着装明星”,她是飞天奖“最佳女主角”……刚刚出席完一颁奖礼的海清说，因为活动和拍戏很多，自己已经很久没有回到家了。最长一次在酒店待过两个月的海清仔细一想，住在酒店里的时间，真是大大超过在家的时间。所以，她会特别在意酒店给她带来的舒适感觉。

一个微笑便可减少疲惫

入住酒店最先看什么？海清不会特别在意酒店的外观，相反地，她最看重的是前台。办理入住是不是够速度？态度是不是够亲切？海清说，这种第一印象会极大影响她对于这个酒店的态度。

有时候来到陌生的城市，充满疲惫，也许只是前台小妹的一个微笑，海清觉得，立刻便少了些许生疏，对这城市，也多了几分好感。办理完入住，海清会习惯性地暂时把那房间当做自己的家。既然是旅行中的家，当然便会注意房间设施的各种功能，吹风机的声音是不是够小、阳台能不能看到美丽的风景、枕头是不是够软、餐饮是不是合乎口味……这些都是细致的海清会注意到的细节。

每到一处都要试试当地的特色酒店

作为圈里知名的爱家明星，海清对于酒店的整体装修风格也有着独特考虑。每到一处，她就会细细观察酒店的装修特色，看到酒店某处的设计很独特，她便会想，如果自己家也这样装修，会收到怎样的效果，“我觉得女性可能都对家装感兴趣吧，所以会比较关注”。细心的海清甚至会注意到酒店的香味：“很讨厌那些奇怪的香味，浓得化不开，有的酒店就是消毒水味，一点亲切感也没有。”海清觉得，对于一个好的酒店来说，香味会是必不可少的提升酒店品位的条件。

在目前合作最多的编剧六六口中，海清是个理想主义者，不那么看重现实，喜欢追求理想。理想主义者海清，对待酒店的完美标准，却有一颗宽容的心。她认为，要做到完美实在很难，尤其是众口难调，也许有的酒店受到女性欢迎，在男性看来就太过阴柔，主要还是个人感受：“主要是自己住得舒适，服务周到，餐饮味道不错，酒店周围的环境好，房间的光线好，一进酒店大堂能感觉心情愉悦就好了。”

在酒店的细节方面，海清觉得硬件和软件同样重要，但她会更加看重服务。有的酒店看起来比较陈旧，酒店设施也不是那么新，但是服务抓得好，海清认为这就是一家好酒店，因为太多在酒店中发生的问题，都是因为服务不当发生的，所以她觉得服务是酒店的灵魂。目前住过的酒店中，很多国际连锁的酒店都很不错，有特色的酒店也很多，比如在东南亚，海清推荐一定要领略市区有特色的酒店。她曾经住过一个在湖中央、根据老皇宫改建而成的酒店，需要乘绳索船渡过去，感觉特别新鲜，令人难忘，“哪怕多个5美元、10美元都值得，感觉真的很不一样”。

印象最为深刻的一次，还是在非洲的肯尼亚，其实那里酒店的条件并不好，就在非洲的大草原上。“但是我睡的那个房间，从窗子望出去就能看到有几头犀牛在草原上奔跑，还有天际的星星，感觉离我们如此之近，那种大自然的、原生态的美妙，很难用语言去形容。”而对国内的酒店来说，海清多选择居住全球连锁的，享受标准化服务，所以没有感觉到特别大的地域差异，不过相比之下，“北京的服务快，上海的服务细致，广东的就比较国际化，例如有些员工能说三种语言”。当然，对于海清来说，任何酒店的回忆都比不上家的感觉：“当然还是家最好啊！”

游鸿明：柔和的光线让我进入幻想的意境

游鸿明，台湾著名创作型歌手，《五月的雪》、《下沙》、《一天一万年》等游氏情歌早已被许多歌迷奉为经典。作为一个音乐人，他游走天下，既表演，也创作，住酒店也就成了家常便饭，最长时间的一次，他在一家酒店待了半个月。对于一个创作型歌手来说，酒店不仅是他演出后休息的地方，同样也是他在四处游历过程中迸发灵感的私人空间。因此，他对酒店的软硬件也格外挑剔。

大凡酒店旅馆，总是试图给客人创造宾至如归的感觉，而思维富于感性的艺人当然更注重感觉。在游鸿明眼里，“舒服”的酒店就是完美的酒店：酒店的文化，酒店的外景，都应该配合当地的人文风景。酒店的服务非常人性化，会让人觉得很贴心、温暖，即便外观或者硬件设施有一定的缺陷，这家酒店依然很完美。

在“舒服”的大概念下，卫生和整洁自然是不可或缺的。而对于喜欢在夜间搞创作的游鸿明来说，灯光是否舒适，也是判别一个酒店好坏的重要条件。太明亮意味着太刺眼，太昏暗意味着太阴沉，都不利于创作，灯光最好能够让他进入幻想的意境，可以任由自己天马行空地想象，不管是快乐或是悲伤的情绪都可以在私人空间里肆意地释放。然后用随身携带的录音器材记录下来，再做些整理，一首脍炙人口的情歌也就诞生了。

除了视觉上的舒服之外，游鸿明在嗅觉上同样比较挑剔。如果酒店整体的“气味”不好，比如太潮湿或饭菜味太重，他就会考虑换酒店。饿着肚子显然是很难创作出好作品的，因此游鸿明对餐饮服务同样十分看重。会不会有当地特色的小吃，有没有格调独特的咖啡厅，都是他看重的。

有一次游鸿明表演完了，在就寝前有人敲门，原来是服务员推着餐车进来——这是歌迷为了他特别准备的，为了不影响客人的休息，歌迷送到大堂，然后让服务员送上来，这让辛苦工作后的游鸿明感觉特别温暖。再打开餐车一看，原来歌迷送的是当地特色小吃。这是歌迷的贴心，也少不了酒店服务员的细心。还有一次，他刚刚参加完一场圣诞节演出，酒店经理送了一瓶纪念版香槟和一些特别搭配的起司，配合酒店的音乐和亲切的招待，这种贴心服务自然会让游鸿明记住，下次再来光临。

在游鸿明眼里，现在大陆酒店的规模越来越豪华，设备越来越全面，只是软件方面显得有些不足，而台湾地区的酒店则更具风土民情，接待也更有特色。看来酒店的待客之道，还是软硬兼施才能俘获人心。

涂松岩：自己动手让酒店摆设更好用

涂松岩是个地道的北京老爷们儿，素有“荧屏绅士”之称的他，自拍摄大热荧屏的家庭剧《双面胶》走红以来已有五个年头，塑造了一个个别具特色的银幕形象，《雪花那个飘》中吊儿郎当、出手阔绰，到最后却让人落泪的官家子弟；《惊天阴谋》中一人分饰两角、演绎扑朔迷离的日本间谍；《理发师》里为爱痴狂歇斯底里的国民党高层军官……在生活中，他又是个典型的小资。

“踏实和舒适”就是人性化的最高体现。热爱旅行热爱生活就是涂松岩的座右铭，尤其在工作繁忙的这几年，更是住了不少酒店：“最长一次还是拍戏吧，住了三个月。”涂松岩已经习惯酒店的生活，在他眼中一个酒店的最高标准，便是要“人性化”。

在外拍戏，演员不可避免地要长住。为了避免不习惯，涂松岩动足了脑筋。一旦要长期入住，他便会把屋子布置得很像家。这个嗜好很特别，看起来也很麻烦，但涂松岩觉得，只要为了让住更加有质量，一切都值得。“有一次在一个酒店，服务员都跟我混得特别熟，大家都知道我有这爱好。有一个服务员知道我想在屋里加一张桌子，他就帮我留意着，有一天就从别的屋里给我找了一张桌子过来，我知道后特别感动。”谈起这段故事，涂松岩至今难忘，这样的服务不可谓不细心。

Q：您最看重的酒店细节是什么？

A：床和卫生间，能睡一个好觉特别关键，所以我对床的舒适度要求很高，而我的嗅觉非常敏感，所以卫生间里不能有异味。

Q：您住过最特别的酒店是哪里？特别之处在哪？

A：在福建，是一个土楼，类似于农家乐的那一种，但是服务团队全都是五星的。那个酒店像个圆形的城堡，一楼是粮仓，二楼住人，周边的绿化环境也很好。一家新酒店，一定要重视绿化，因为绿色将是旅行者看到的第一眼，而这第一眼显然至关重要。

Q：您入住酒店的习惯是怎样的？只是当一个睡觉的地方，还是会重视享用酒店设施和餐饮？

A：我会把屋子布置一下，不会只当一个睡觉的地方，还会看重一些设施安排的方位，是否顺手，是否人性化。

李丁：好酒店，需要找到自己的态度

见识过修建在废弃锡矿的深坑酒店、融入纳西族文化的悦榕庄，也曾爱上阿布扎比 F1 赛车道上的 YAS 酒店——作为深圳市光耀地产集团的副总裁，李丁几乎去过了世界各地有名的或者最新的酒店，开阔的眼界也让他以更高的标准寻求完美的酒店。他期待着，在中国这片土地上，也会有视野广阔的出色设计师，造出有态度、不僵硬的好酒店。

完美酒店不易寻

什么是完美的酒店？李丁心目中的标准是：建筑外观和室内设计必须浑然一体；要考虑到每个客人个体的因素，情人度假和家庭聚会都能在酒店中体会到独特的愉悦；另外还要考虑酒店设备的能耗问题。没有完美，总有趋近于完美吧？就在十一国庆假期期间，李丁在马六甲海峡发现了一间感觉不错的酒店，“虽然酒店的设计是仿照迪拜的棕榈树，可以说是个山寨品，但是迪拜的棕榈树酒店的建造特别粗暴，就是用填海的方式，而这间虽然也是架在海面之上，却完全用有机的方式，所有垃圾都会用严格的排污系统进行分解，然后送回到陆地进行处理，绝不污染海水，用这种科学方式建造酒店也是很有意思的一种方式”。

说到酒店的设计，李丁十分推崇香港的 W 酒店，“哪怕是一个小小的杯子、碟子，都很值得把玩，进电梯的时候，LED 是在脚下，在这样的酒店住几天，你每天都会有不同的体验跟乐趣。对了，还有阿布扎比在 F1 的赛车道上的 YAS 酒店，香港 The Upper House 的极简主义，都让我印象深刻，在这些酒店里我都会用相机不断地拍照，我觉得很兴奋”。

好设计师必须追求完美

其实，简单来说，这些令人愉快的酒店都只不过符合一个标准，就是“有态度，不僵硬”，但这却是对设计师的最严酷的考验。“好的酒店设计师，一定是个追求完美的人，而支撑这个完美的是他的广阔视野和经验，可惜中国的酒店设计师几乎没有达到这个标准的。”李丁每到一个酒店，从还没进门就开始观察，“中国很多酒店的室外设计和室内设计是分离的，就像神经错乱一样，如果要做低奢，就要从里到外都是这个氛围；如果是度假型酒店，就不要把房间做得很商务，里外都不能融合，没有找到自己的态度和风格，怎么可能让客人住得高兴？”当然，现在的酒店为了突出自己的风格，也开始增加很多的附属品，比如为了增加带小孩住客的满意度，开始添加小朋友的游乐设施；为了满足烟民的需要，增设吸烟区或者吸烟楼层。“但这仅仅是增加而已，不能用这些附属设施来说明整个酒店的独特面，除非，你能像我曾经去过的一个台湾酒店，有一栋楼就是建成 HELLO KITTY 的模样，一看就知道给谁用的，够突出，但大多数的中国酒店都达不到这样极致的设计。”

他还说到一个细节，真是说出了广大住店客人的心声，“很多酒店的洗手池都做得很窄，结果水一打开水花四溅，这种状况在很多著名的五星级酒店都经常遇到，还是设计有问题，但服务生却不会把这个抱怨反映到设计师那里”。

僵硬的酒店还存在一个问题，就是会让你不知道自己住在哪，“杭州和上海天气比较冷，适合欧式的建筑，不要太通透的；而广东和东南亚地区，最主要的就是防潮、通透，可流水线上的酒店根本没有区别，这还只是针对地理环境的要求，更重要的是人文环境的就地取材”。李丁举了几个比较成功的例子，就拿吉隆坡的深坑酒店来说，它修建在一个废弃的锡矿里，这就是它的特色和味道；还有丽江和香格里拉的悦榕庄，前者融入了纳西族文化，后者有藏传佛教的影子；杭州的阿曼酒店，也运用了老房子再生的设计，与旁边的灵隐寺相辅相成，把人文符号熨帖在酒店的灵魂之内，这才是设计师的聪明之处。

我们还有 100 多处细节要改

李丁除了对别的酒店要求严格外，对自家人——光耀地产在惠州正在建造的酒店更是精益求精，“起码还有 100 多处的细节要改”，他指着样板房里的不完美之处给我们看，就像一个父亲正在教训自己还没懂事的小孩，“泳池里面怎么能用绿色的马赛克瓷砖？在有森林和湖面的视野中，最不缺乏就是绿色，马赛克的绿色难道能比绿树还好看？还有，室内的插座应该做成隐藏式，裸露出来又突兀又难看；移动玻璃门的滑槽那里要做成平面的，不然很容易绊倒女士的高跟鞋……”在这样“挑剔”态度中完善的酒店，令人期待。

虽然讲求酒店的完美，可是李丁有时候也会被酒店的某个细节打动：他至今记得，在三亚某酒店的私家海滩上，摆着一长条高高竖立的火把，他一面走一面将火把点燃。回头一望，黑夜中闪耀的火把辉映着满天星光，那一刻，一种安宁盈然于心。

叶茂中：**酒店服务生的速度越快越好**

酒店对于叶茂中来说，不是出差或者度假才会想到的地方，有时候去北京西边办两天事，他为了避免堵车浪费时间，也会住在酒店里，“反正那里什么都有，健身房，游泳池，味道不错的餐厅”。

酒店就要有个酒店样

虽然很多人都会抱怨标准化的酒店缺少乐趣和惊喜，不管在哪都是一样的模式，但叶茂中的观念刚好相反：“酒店不是家，不可能刚好完全符合你的喜好，酒店就要有个酒店样，有合乎标准的统一的配套设施就够了，如果想体验不同的风格，那应该去住不同的酒店，不能要求一个品牌做出千百种花样来。我倒是喜欢那些规定好的模式，不管在哪里我都能了解它，知道它的特色，能减少我的很多麻烦。”他说住在这样的酒店里，就像回老家时看见路口的大槐树，你知道它一定在那，永远不变，这种熟悉感就是标准化酒店最大的优点。

“从外表看，我似乎是个很挑剔酒店的人，其实还真不是。”作为叶茂中营销策划机构的董事长，他严肃的外表有时会给人不易亲近的印象，但他说自己挺随意的，拿住酒店来说，他挑剔的只是枕头，不能过软，那种一睡上去就立刻深入凹陷的他可受不了，好在现在很多酒店都有不同的枕头提供，但为了保证睡眠质量，他 一般都会自己带个枕头出门，“我朋友会常常做枕头送给我，里面装着蚕豆壳、稻谷壳，或者药材，睡上去的时候沙沙作响，很舒服，很亲切”。但最大的麻烦就是经常忘记拿走。

当然了，如果酒店有用心经营的亮点，他也会很赞赏。比如酒店大堂前台的后部装饰上，如果装潢得很考究，他也会细细观赏。在成都的香格里拉大堂，挂了四幅周春芽的画作，估计价值有一千来万元，“对于一个酒店来说，这是一种非常艺术化的品质追求，很多人都在那儿流连忘返，像这样的真迹在别的地方都很少能见到”。

地段是好酒店的第一要素

如果是到一个新的酒店，叶茂中说，他第一眼要看的就是地段，尤其是公务出差的时候。曾经在沈阳就有一次不太好的记忆，酒店订在了菜市场对面，又是个丁字路口，十分难打车，环境也有点乱，“大环境都不好，很难再去要求内部环境，这就是为什么看山看河的景观房都会比普通房间贵很多，这是很合理的”。

所谓的大环境，除了风景之外，也有文化历史的沉淀，香港半岛酒店也是叶茂中十分推崇的酒店之一，“那种贵族气是建立在历史时间之上的，那里的门童永远穿得干净整洁，而且个子都不高，让进去的客人觉得自己很高大，心里很舒服，这种对于客人的尊重和体谅是它一贯的传统，不管是多年前，还是现在，从来未变。我经常看见半岛的大堂有外面来的客人在排队，因为很多人都仰慕这里，即使没有住进来，他们也想来品味一下这种尊贵的情调”。

比硬件更重要的是服务生的应变能力

除了这些以外，叶茂中说自己基本没啥要求了，“什么床的软硬啊，洗手间够不够大，这些大多数住客很讲究的地方我反而都能适应”。但他对于软性的服务，倒是提出了一个要求，就是服务生的行动不能太慢。“就拿送餐来说，我等待的时间是一个很尴尬的时间，我不能去洗澡，也不能去洗手间，怕突然有人敲门，所以说如果他们送得太慢，我就只能干坐着等半个小时，浪费时间不说，也很不自在。”

有一个令他难忘的酒店故事就与服务生的速度有关。某年大年初二，他在丽江打算上玉龙雪山，结果风雪太大，缆车在中途几次停顿，人就在车里跟着狂风一起飘来荡去，“真是吓坏了”。他一落地，就直奔酒店，点了一碗牛肉米粉，“当时心里特别后怕，很需要一碗热腾腾的东西来压惊。幸好他们的服务不错，很快就送了一碗米，我吃完了，又想去游泳，可是酒店的冬天一般是不提供泳池服务的，但他们为了我，很快地放水、调温，终于让我平复下来。其实那家酒店不算高级，装修什么的只是普通，但是这种应对客人特殊情况和特殊要求时的服务速度，给我留下了很好的印象，这比那些硬件都更重要，这算是我心中完美酒店的条件之一吧”。

孙冕：鸡蛋花一样的微笑
是酒店最美的服务

孙冕社长很谦虚，听说是关于酒店的采访，立刻说自己是个很粗放的人，住酒店的时候并没有太多挑剔和讲究，其实，当粗放的人体会出某种细节之后，做出的评价往往格外实在。

好的酒店应该记住客人的住店习惯

孙旻说自己特别看重酒店的送餐服务，“晚上肚子饿了，如果能尽快送碗面到房间，我便觉得很知足，至于面的味道好不好其实没关系，关键要快和方便”。

如果仅以此来作为五星级酒店的标准，好像也太容易了一些，别急，老爷子讲话慢条斯理，主要的内容还在后面。“我对洗手间的要求比较高，面积够大是一个方面，另一方面是坐厕、淋浴、浴缸的摆布要很合理，比如坐厕最好是单独的位置，淋浴和浴缸不能相邻。再就是床必须要舒服，枕头要有多种选择，硬的软的，高的矮的，圆的扁的全部具备，由客人自己选择怎么用。对了，你知道现在床垫也可以选择软硬吗？有的酒店就具备这种床垫，用开关可以自由调整。”

孙旻说他是个不怎么计较的人，如果是公务活动，基本上人家安排哪他就住哪，如果是自己订房，他经常选的酒店有两家，昆明的翠湖宾馆和北京的中国大饭店，“这两家酒店的服务都很细致，对客人的资料保存齐全，这样的好处是入住非常快，而且酒店的服务员都像那里的主人一样，使我也有回到家的感觉”。

酒店大堂什么样，他的管理者就是什么样

如果是初到一家新酒店，孙旻说，他最喜欢观察酒店的大堂设计，“一个酒店经营者的品味，几乎都能从大堂看出来，比如这个老板喜欢奇石，大堂里就会布置成一个奇石博物馆一样，如果喜欢古家具，肯定会陈列他四处搜寻回来的古董家具，客人在入住的时候，还能学到不少东西，开阔眼界”。

他最近在上海发现一家酒店，在大堂里嵌入了一座清代的大门楼，很独特的味道。“经营者是个什么样的人，有什么样的爱好，注定了酒店大堂的风格，当然，这种风格也必须要能被大众审美所接受，不然仅仅只为了展现自己，那就没有意义了。”

服务生的区别，就是酒店的区别

不管是怎样的硬件摆设，落到实处的还是酒店工作人员的服务态度，而服务中最关键的一环，孙冕觉得，在于“微笑”。他打了个比方，即使像翠湖宾馆这种他已经很满意的酒店，店员们所流露出来的笑容还是公式化的，而真正能让人身心愉悦的微笑应该像“一朵绽放的鸡蛋花”。孙冕现在正在打造的“梦蝶庄”酒店的服务精髓就在于此，“我招的服务生大部分就住在酒店附近，酒店跟她们的家可能就隔一个马路，都是很朴实的村姑，用最自然的态度服务旅客”。

他热情地邀请我们一定要去梦蝶庄看看鸡蛋花一样的笑容，那也是属于广州这种南方温暖城市的特色了，就像他评价中国几个大城市酒店的区别，“可以说那就是服务生的区别，北京人有种老大的感觉，不卑不亢，有时还有些不屑一顾的神情；而上海人又过于热情，有一些 20 世纪 30 年代遗留的传统，特别绅士，有时候会觉得酒店门口的年老的服务生过于礼貌了；而广州就有它的市井味，简单、随意”。

而不论各地各国的服务生，都必须满足最重要的一点，就是需要时便出现，不需要的时候，最好能给客人私密的空间，他觉得国外的很多度假酒店这点就做得很成功，像巴厘岛的酒店，坐落在田野或者山水之间，“服务生就像一个连接我们和自然的桥梁，安静无声，却又不可缺少”。